Leo Bloch

Die zuschauenden Götter in den rotfigurigen Vasengemälden des malerischen Stiles

Leo Bloch

Die zuschauenden Götter in den rotfigurigen Vasengemälden des malerischen Stiles

ISBN/EAN: 9783743333321

Hergestellt in Europa, USA, Kanada, Australien, Japan

Cover: Foto ©ninafisch / pixelio.de

Manufactured and distributed by brebook publishing software (www.brebook.com)

Leo Bloch

Die zuschauenden Götter in den rotfigurigen Vasengemälden des malerischen Stiles

DIE ZUSCHAUENDEN GÖTTER

IN DEN

ROTFIGURIGEN VASENGEMÄLDEN

DES

MALERISCHEN STILES

VON

LEO BLOCH.

LEIPZIG.
GUSTAV FOCK.
1888.

Seinen teuren Eltern

in

Liebe und Dankbarkeit

gewidmet.

Die zuschauenden Götter sind eine der hervortretendsten Eigentümlichkeiten in den Vasengemälden des malerischen Stiles. Freilich ist dieses Kompositionselement, wenn es auch hier seine ausgedehnteste Anwendung gefunden und sich zu einer hochgradigen Selbständigkeit entwickelt hat, weit älter als die späte Vasenmalerei. Es ist eine alte Gepflogenheit der griechischen Künstler, den von ihnen dargestellten Begebenheiten die Gottheiten beiwohnen zu lassen, bei welchen sie ein besonderes Interesse, sei es für den betreffenden Vorgang, sei es für die in diesen verwickelten Persönlichkeiten glaubten annehmen zu dürfen. Doch wurden diese stets als am Thatorte anwesend gedachte Zuschauer und dementsprechend als zur Handlung gehörige Nebenpersonen aufgefasst, in denen die Bewegung der Hauptgruppe ausklingen sollte. Sie erfüllten kompositionell durchaus denselben Zweck wie menschliche Nebenfiguren, durch welche sie auch vollkommen ersetzt werden können. Ihr Zusammenhang mit der dargestellten Handlung resp. den Personen derselben ist naturgemäss ein ziemlich enger, und wenn wir der Frage näher treten, nach welchen Prinzipien der Künstler in der Auswahl dieser Gottheiten verfahren ist, so werden wir finden, dass, wenn man von einigen Vasenbildern aus der letzten Zeit des vormalerischen Stiles absieht, bei einer beträchtlichen Anzahl von Einzelfällen sich doch verhältnismässig wenige Gesichtspunkte herauslesen lassen.

Es ist dies auch ganz natürlich. In der Anlehnung an das Epos stellte die frühere Kunst meist Kämpfe dar. Die göttlichen Nebenfiguren wurden den Helden gleichsam sekundierend an die Seite gesetzt, und man wählte dazu in erster Reihe die Schutzgötter derselben. Heldenschützerin ist aber, mag es sich um Theseus oder Persens, um Achilleus oder Odysseus oder um sonst einen Helden handeln, Pallas Athene. Ganz besonders häufig aber erscheint sie als Helferin des Herakles, bei dessen Kämpfen sie eine ganz typische Figur ist. Beispiele aus der Vasenmalerei hier anzuführen ist gewiss überflüssig. Unter Werken anderer Kunstzweige sei nur auf den Hydrakampf am Kypseloskasten[1]), auf die Perseusmetope von Selinunt, auf die Löwenmetope[2]) von Olympia hingewiesen. Neben Athene ist Hermes wie in der Dichtkunst weniger der Schutzgott als der Geleiter der Heroen, welcher aber durch seine Anwesenheit Zeus' Schutz gewährleistet, da dieser selbst nur ganz vereinzelt seinen Olymp oder Ida verlässt.[3]) Dass

---

[1]) Paus. V. XVII. 11 τὴν ὕδραν δέ, τὸ ἐν τῷ ποταμῷ τῇ Ἀμυμώνῃ θηρίον Ἡρακλεῖ τοξεύοντι Ἀθηνᾶ παρέστηκεν.

[2]) Auf den anderen Metopen ist sie problematischer. Selbst für die Stymphalidenmetope möchte ich mich der Bezeichnung Ortsnymphe anschliessen. Am meisten veranlasst mich hierzu eine Abarbeitung auf der Brust — von einer Korrosion kann unmöglich die Rede sein — welche nur durch die Ergänzung eines von der Figur gehaltenen für Athena sicher unpassenden Attributes, höchst wahrscheinlich eines Kranzes, erklärt werden kann; denn an einen Ehrenkranz für Herakles ensprechend der Kadmos kränzenden Athena auf der Berliner Hydria kann hier nicht gedacht werden. Ganz und gar nicht sind wir aber berechtigt die Hesperide der Atlasmetope für Athena zu halten; die Ergänzung mit einer Lanze stösst praktisch auf Schwierigkeiten, welche ein abwärts gehaltener Zweig nicht bietet.

[3]) Ueber Hermes als Vertreter von Zeus' Willen vgl. die mir leider zu spät zugänglich gewordenen Ausführungen von Brunn in den Münchener Sitzungsberichten 1887. II p. 229 sqq. Nur kann ich auch in dem Münchener Vasenbilde Nr. 123 nicht in dem Hermes voranschreitenden Greise mit Kerykeion mit Brunn (p. 245) Zeus erkennen. Greisenhaftigkeit und Kerykeion kommen ihm selbst in etruskischen Darstellungen

andere Götter mit ihren Lieblingen in dieser Weise verbunden werden, ist schon seltener. So sieht der Entführung der Antiope durch Theseus dessen göttlicher Vater Poseidon zu.⁴) Die Gegner der grossen Heroen werden nur in wenigen Fällen von bedeutenderen göttlichen Freunden geleitet. Es widerstrebte dem frommen Sinne der Griechen, Götter so gleichsam zu Zeugen ihrer eigenen Niederlage zu machen oder sie gar durch Hineinziehen in die Handlung in das Unglück ihrer sterblichen Lieblinge zu verwickeln. Nur einmal ist Poseidon bei seines Sohnes Antaios' Besiegung durch Herakles anwesend⁵), während Ge, welche nicht sowohl als Göttin wie als Personifikation galt, öfters nachzuweisen ist.⁶) Dementsprechend ist auch Poseidons Anwesenheit bei Herakles' Kampfe mit dem Triton vereinzelt⁷), während Nereus und die Nereiden besonders auf Reversen sich hier häufiger finden.⁸) Am öftesten ist noch bei dem Kampfe um den delphischen Dreifuss, welcher ja auch nicht mit der Besiegung Apollons endet, Artemis als seine Freundin der Freundin des Herakles, Athene, gegenübergestellt.⁹) Eine Erweiterung fand diese Scene noch in Hermes oder auch in Leto, letzteres besonders in der delphischen Gruppe der korinthischen Künstler Diyllos, Amyklaios und Chionis.¹⁰) Das Schema
Hermes Athena Herakles Apollon Artemis
hatte sich durch die Darstellungen des Dreifussraubes —

---

nicht zu. Eher glaube ich, dass der Vasenmaler einen zweiten Herold Hermes voranstellte.
⁴) München Nr. 67.
⁵) München Nr. 114.
⁶) Auch Gerhard A. V. B. II T. 114 trotz der abweichenden sinnlosen Inschrift.
⁷) Ebda. T. 111.
⁸) Vgl. Morgenthau, der Zusammenhang der Bilder auf gr. Vasen p. 15.
⁹) Die letzte Zusammenstellung dieser Vasenbilder bei Stephani C. R. p. 1868, p. 42sqq.
¹⁰) Paus. X. XIII. 7. Overbeck S. G. 480.

nach dem Löwenkampfe war dieses das bei den Vasenmalern beliebteste Heraklesabenteuer — so eingebürgert, dass es von hier aus auch auf andere Gegenstände wie auf die Einholung der kerynitischen Hirschkuh übertragen wurde,[11]) und dass wir sogar auf einer Eurystheusvase [12]) hinter Eurystheus in seinem Fasse Apollon und Artemis als Responsion zu Athena und Hermes, welche hinter Herakles stehen, verwendet finden.

Die Beziehung zur Handlung an sich hat nur selten Ausdruck gefunden. So steht Aphrodite am Kypseloskasten neben Jason und Medeia[13]) als die Göttin, durch deren Einwirkung die letztere zur Freundin des Fremdlings und zur Verräterin am eigenen Vater wurde, ein Gedanke, welcher auch in den dichterischen Behandlungen dieses Stoffes stets hervorgehoben und aus einer solchen, wie die Inschrift[14]) beweist, hierher übertragen wurde. Die dichterische Behandlung hat auch zu dieser psychologischen Verwendung Aphrodites in den Menelaos-Helena-Darstellungen geführt; als künstlerische Zuthat bietet die betreffende Parthenonmetope[15]) ausserdem noch Eros, ein Vasenbild sogar Eros und Peitho.[16]) In gleicher Weise, aber höchst wahrscheinlich unabhängig von dichterischer Behandlung, finden sich die Liebes-

---

[11]) Gerhard A. V. B. II. T. 101. Apollod. II. V. 3. μετ 'Απόλλωνος δὲ Ἄρτεμις συντυχοῦσα ἀφηρεῖτο καὶ τὸ ἱερὸν ζῷον αὐτῆς κτείναντα κατεμέμφετο. Fast dieselben Worte bei Joannes Pediasimos, de Herc. lab. 3. Bei letzterem ist aber nur von Einfangung nicht von Tötung der Hinde die Rede. Bei beiden kämpft jedoch Artemis nicht wie im Vasenbilde Apollon mit Herakles. vgl. Stephani a. a. O. p. 40.

[12]) Gerhard a. a. O. T. 97.

[13]) Paus. V. XVIII. 3. Μηδείας ἐπὶ θρόνου καθημένης Ἰάσων ἐν δεξιᾷ, τῇ δὲ Ἀφροδίτη παρέστηκε.

[14]) Ebdas. Μηδείαν Ἰάσων γαμέει κέλεται δ᾽Ἀφροδίτη.

[15]) Michaelis Parthenon T. IV xxvi.

[16]) Mus. Greg. II T. V₂. Overbeck, H. G. XXVI. 12.

gottheiten auch bei Poseidon-Amymone [17]), Zeus-Ganymedes [18]) und Anderen. [19])

Endlich möchte ich noch ein schwarzfiguriges Vasenbild aufführen, welches ich mit keinem anderen des vormalerischen Stiles glaube zusammenstellen zu können. Es ist dies die Kanne des Vasenmalers Kolchos im Berliner Museum. [20]) Die Aufgabe, eine Bildfläche von geringer Höhe dabei aber verhältnismässig grosser Länge zu dekorieren, verlangte eine grössere Anzahl Personen, als der Gegenstand an sich bedingt hätte. Herakles kämpft über Kyknos' Leiche gegen Ares. Zeus schreitet zwischen ihnen, wohl um den Kampf zu trennen. Links von Herakles steht Athena; es folgt sein Viergespann mit Jolaos als Lenker, welchen rechts das von Phobos gelenkte Gespann des Ares entspricht. Noch war aber auf beiden Seiten der Raum bei weitem nicht ausgefüllt. Jederseits setzte nun der Künstler zwei Zuschauer hinzu. Als Herakles Freunde wählte er Apollon und Dionysos, die Götter des delphischen Heiligtumes, welches ja durch Kyknos bedroht und durch diesen Kampf wieder zugänglich gemacht wurde. Für Ares war er in grösserer Verlegenheit. Er verfiel auf einen zweiten unsterblichen Heraklesgegner, den alten Nereus, den ἅλιος γέρων. Da aber es an diesem noch nicht genug war, und der Raum noch eine Figur erforderte, gesellte er diesem den ihm befreundeten Poseidon bei. Wir haben hier so bei einem Vasenmaler des 6. Jahrhunderts, wenigstens was die Auswahl anbelangt, ganz das Verfahren der späteren unteritalischen Vasenmalerei zu erkennen.

Die späte Vasenmalerei baut auf diesen Anfängen weiter, freilich in ihrer Art. Das Verhältnis des Malers zur litterarischen und vor allem zur bildlichen Tradition ist ein viel

---

[17]) Laborde, vases Lamberg I. 25.
[18]) Bull. Nap. V. II. Overbeck, Atlas zur K.-M. T. VIII. 19.
[19]) cf. Furtwängler, Eros in der Vasenmalerei p. 30.
[20]) Nr. 1732. Abgebildet bei Gerhard, A. V. B. II T. 122/3.

freieres und ungebundeneres geworden, und gerade in der Hinzufügung der zuschauenden Götter zeigen sich die Lichtund Schattenseiten dieser Freiheit. Vor allem muss hervorgehoben werden, dass man in vielen Fällen später diesen Götterfiguren einen grösseren Raum in der Darstellung überliess und so das Problem diesen angemessen auszufüllen dem Künstler im Vergleiche zu seinen Vorgängern aus der Zeit der schwarzfigurigen und streng rotfigurigen Technik bedeutend erschwerte. Die ältere Kunst war in diesem Punkte sparsam gewesen, und mehr als zwei zuschauende Gottheiten — wenn wir diesen Ausdruck auf die analoge Erscheinung in den Vasenbildern der früheren Stilarten übertragen wollen — konnten immerhin als Ausnahmefälle gelten. In der Zeit des malerischen Stiles werden wir, wenn auch nicht wenige Vasengemälde eine grössere Beschränkung aufweisen, an ihrer Häufung doch niemals Anstoss nehmen. Zuweilen bedecken sie so sehr die ganze Bildfläche, dass die dargestellte Handlung fast vollständig von ihnen überwuchert wird. Die auffallendsten Beispiele hiefür sind wohl die Marsyas amphora des museo Jatta[21]) und die Kadmoshydria in Berlin.[22])

---

[21]) Abgebildet Mon. d. Inst. VIII T. XLII. Das Vasenbild ist meines Erachtens auch von Michaëlis nicht richtig erklärt worden. Die Form des Streites nämlich, nach welcher beide Kämpfer auf der Leier wetteifern, scheint mir auch sonst keineswegs nachgewiesen. Der Berliner Krater (abgebildet Arch. Z. 1884 T. V) darf zum Belege einer solchen Version nicht herangezogen werden. Abgesehen davon, dass der Apollon auf dieser Vase sehr problematisch erscheinen muss und nicht Zeus sondern Dionysos mitten unter Satyrn und Maenaden zu erkennen ist, wie auch auf dem Reverse trotz des Blitzes, so kann doch auch ein so unverkennbar etruskischer Kunstübung entstammendes Fabrikat, welches des dunkeln noch mehr an sich hat, nichts für ein grossgriechisches Vasenbild beweisen. Mit Recht verwirft auch Körte, (Arch. Z. 1884 p. 88) welcher freilich in dem Berliner Vasenbilde noch eine Marsyasdarstellung sehen will, die von Michaëlis (Arch. Z. 1869 p. 42) statuierte abweichende Version des Mythus wenigstens für dieses Bild. — Dass Marsyas leierspielend vorkommen kann und vorkommt, ist gar nicht zu bezweifeln; betrachten

Auch in der kompositionellen Verwendung dieser Figuren offenbart sich die diesem Stile eigentümliche Freiheit. In den Vasenbildern des Reliefstiles musste ihnen als Nebenfiguren der Platz zu einer oder auch beiden Seiten der Handlung eingeräumt werden; zuweilen wurden sie sogar infolge der nicht allzu seltenen Auffassung von Avers und Revers als einer Fläche auf der letzteren verbannt.[23]) Eine nicht unbeträchtliche Anzahl Bilder des malerischen Stiles, hat nun, wenn auch die Einzelfiguren in ihren Erscheinungen und Stellungen sich dem neuen Stile angepasst haben, doch die Kompositionsweise des alten behalten. Es war nicht einmal nötig, dass wie bei Halsbildern die Bildfläche einen besonderen Zwang hiezu auferlegte; auch grosse Flächen, welche an sich zur malerischen Dekorationsweise recht wohl geeignet waren, wurden durch horizontale Teilung für den Reliefstil präpariert, ähnlich den korinthischen und altattischen sf. Prachtgefässen. Die Darstellung ist dann in einer Reihe angeordnet, die Figuren befinden sich trotz freier Behandlung der Bodenlinie auf einem Niveau. Natürlich ist hier der Platz der anschauenden Götter wie in früherer Zeit zu einer oder auch zu beiden Seiten der Handlung. Die Beispiele sind nicht selten; es genüge an Aphrodite und Eros auf einer Darstellung des Wettkampfes von Pelops und Oinomaos[24]) zu erinnern, an dieselben Gottheiten in einer unter-

wir aber das Jattnsche Bild genau, so können wir uns nicht verhehlen, dass nicht zwischen Apollon und Marsyas sondern höchstens zwischen Athena und Marsyas die Handlung vor sich geht, wenn nicht der Maler — was ich für das bei weitem wahrscheinlichste halte — einfach den leierspielenden Silen, von Göttern umgeben, darstellen wollte. Apollons Anwesenheit ist dann natürlich und sein Platz im Bilde, seine Stellung, seine enge Gruppierung mit Artemis stimmen weit mehr mit dieser Auffassung des Vorganges, als wenn man den Streit dargestellt sehen will.

[22]) Nr. 2634. Am besten abgebildet in den Wiener V. B. Ser. I T. VII.
[23]) Vgl. Morgenthau a. a. O. p. 15 1—4 p. 18 14—19 p. 27 1. Von rf. Bildern sei hier Gerhard, A. V. B. T. 148 und die Triptolemosschale des Hieron genannt.
[24]) Arch. Z. 1853 T. 54.

italischen Aktaiondarstellung in Berlin [25]), welche ausserdem noch Peitho, Artemis und Pan zeigt, ferner an Athena und Poseidon bei Bellerophons Kampfe mit der Chimaira. [26]) Um schliesslich auch ein Zeugnis attischer Herkunft sprechen zu lassen, sei das vielfach publizierte Peleus-Thetisbild mit Athena und Poseidon auf der einen und dem aphrodisischen Kreise Aphrodite, Eros, Peitho, Pan auf der anderen genannt. [27])

Am meisten kommt aber die Stilbezeichnung malerisch den Vasengemälden zu, welche von Traditionen völlig losgelöst, ihre Figuren wirklich ganz frei in der Bildfläche verteilen, jeden leeren Raum in derselben auszufüllen trachten, und in der Hinzufügung von landschaftlichen Elementen wie Tieren, Steinen, Bäumen, sowie von rein dekorativen wie Sternen, Bukranien, punktierten Linien — auch Eroten gehören hierzu — einen wahren horror vacui an den Tag legen. In ihnen ist das charakteristische Merkmal des malerischen Stiles am konsequentesten durchgeführt: das neutrale Lokal des Reliefstiles wird durch ein bestimmtes, meist die Landschaft, ersetzt. Die Ungleichheit des Terrains wird nunmehr der Ausgangspunkt für die Komposition. Die zuschauenden Götter erhalten in ganz natürlicher Auffassung ihre Plätze über der Darstellung: entweder wurde ihnen in echt malerischer Weise der Hintergrund angewiesen wie auf dem Jokrater der Sammlung Jatta [28]) oder man setzte sie auf Anhöhen wie Artemis und Rhea auf einer Marsyasvase aus Kertsch [29]) oder Apollon und Artemis in einem Ruveser Amphorenbilde: Orestes von Iphigeneia in Tauri. [30]) Zuweilen

---

[25]) Nr. 3239. Gerhard, ap. Vl. T. VI. Él. céram. II T. 103 b.
[26]) Jatta Nr. 1091. Ann. d. Inst. 1874. T. d'agg. D.
[27]) a. a. Overbeck, H. G. T. VIII 1.
[28]) Nr. 1948. Mon. d. I. II T. 59. Overbeck Atlas zur K. M. VII. 16 und sonst mehrfach.
[29]) Antiquités du Bosph. cimm. T. LVII. 4.
[30]) Overbeck, H. G. T. XXX. 4.

lässt auch der Vasenmaler die Gottheiten teilweise hinter den Anhöhen verschwinden, so dass sie nur noch in halber Figur hinter denselben hervorragen wie Ismenos und Krenaie auf der Kadmosvase des Assteas [31]) und in ähnlicher Weise Eris und Helios im Karlsruher Parisurteile.[32]) In einigen Fällen sind sogar nur noch die Büsten sichtbar, dass sie fast wie abgeschnitten erscheinen; ich erinnere nur an die Hesperidenvase des Assteas [33]), an ein Kadmosbild [34]) und an Marsyas' Bestrafung in einem ehemals Hamiltonschen Vasenbilde.[35]) Dass dies ein sehr glückliches Mittel war, der Schwierigkeit auszuweichen, welche es gemacht hätte, diese Figuren in das Gemälde hineinzukomponieren, wird Niemand behaupten; es ist aber auch zu beachten, dass fast nur Gottheiten niederen Ranges Satyrn, Maenaden, Nymphen, Hesperiden in dieser Weise verunstaltet werden.[36]) Nur Hermes teilt zweimal dasselbe Schicksal, was durch sein dienendes Verhältnis zu höheren Göttern erklärt werden kann. Dass den Göttern statt des höheren Niveaus wie im Reliefstile der Platz auf der Seite angewiesen wird, kommt auch in sonst vollkommen frei und malerisch behandelten Vasengemälden vor. Erwähnt seien hier Minervini, monumenti di Barone Tav. XIX, ferner das Neapler Vasenbild Nr. 1765, ganz besonders aber das berühmte Vulcenter Parisurteil in Berlin Nr. 2633.[37])

---

[31]) Neapel 3226. Wiener V. B. Ser. I T. VII 2. Andere Abbildungen vgl. Klein Meistersignaturen ² p. 209.

[32]) Fröhner Nr. 36. — Winnefeld (Grossherzogliche vereinigte Sammlungen zu Karlsruhe. Beschreibung der Vasensammlung von Hermann Winnefeld. Karlsruhe 1887) Nr. 259 p. 63. W. hält das Bild wohl der Inschriften wegen, für attisch; ganz mit Unrecht. Overbeck, H. G. T. XI. 1.

[33]) Neapel Nr. 2873. Wiener V. B. Ser. VIII T. XII vgl. Klein a. a. O.

[34]) Dubois Maisonn., introduction pl. II.

[35]) Él. cér. II pl. 74.

[36]) Ob die einen Spiegel haltende weibliche Büste (Dub. Mais. II) für Aphrodite zu erklären ist, ist mindestens zweifelhaft.

[37]) Overbeck H. G. T. X. 5.

Die Verteilung möglichst vieler Figuren über eine grosse Bildfläche hatte die für unteritalische Vasenbilder besonders charakteristische Auflösung der Komposition in mehrere Reihen zur Folge gehabt. Die oberste derselben wird nun, zumal wenn es sich um mythologische oder sagenhafte Gegenstände handelt, meist für die Aufnahme der zuschauenden Götter bestimmt. Zuweilen müssen sie sich auch mit einem Teile derselben begnügen, wie auf der Vase des Lasimos[38]) der die obere Reihe links abschliessende Jüngling gewiss als Nebenfigur des unten dargestellten Vorganges zu fassen ist. In gleicher Weise ist bei Oinimaos' Opfer Myrtilos mit seinem Gespanne in die obere Reihe versetzt worden[39]) und ebendaselbst treffen wir bei Pelops' und Hippodameias Unterredung zweimal einen bezw. zwei Begleiter des ersteren neben Zeus und Hermes bezw. Hermes allein.[40]) In einer Darstellung von der Totenfeier für Patrokles[41]) trennt das Gebäude, der Mittelpunkt der Komposition für viele dieser Vasenbilder, freilich hier nicht die typische Aedicula sondern nur ein Zelt, beide Teile des Streifens. Dafür greifen aber auch die Götter zuweilen über ihren Bezirk hinaus und nehmen noch einen Teil der mittleren Reihe für sich in Anspruch. Auf der berühmten Archemorosvase zeigt der Revers Herakles im Hesperidengarten[42]); in der oberen Reihe dieser Darstellung sehen wir Helios auf seinem Gespanne und Phosphoros oder besser Hesperos ihm vorausreitend, während in der mittleren Reihe Herakles' Schützerin Athena die Nike entsendet. Auch das Bellerophonbild in Karlsruhe[43], beachtenswerterweise wieder ein Reversbild, ist hier zu nennen. Der Revers der Riesenamphora des

---

[38]) Ebdas. T. XXVIII. 1.
[39]) Neapel. Nr. 2200. Arch. Z. 1853 T. 55.
[40]) 1) Neapel 1982. Arch. Z. 1853 T. 53 und 2) Mon. d. J. IV T. 30.
[41]) Mon. d. J. IX T. 32. 33.
[42]) Nouv. annales 1836 T. V.
[43]) Fröhner Nr. 4. Winnefeld Nr. 388. Mon. d. J. II T. 50.

Museo nazionale in Neapel Nr. 3256 [44]) hat seine eigentlichen zuschauenden Götter Iris und Aphrodite mit Eros in der mittleren Reihe, während in der oberen nur eine Götterversammlung dargestellt ist. Nur selten ist die unterste Reihe den Göttern eingeräumt. Das bekannteste Beispiel hierfür ist die auch als attisches Fabrikat besonders bemerkenswerte Vase des Meidias im brittischen Museum Nr. 1264 [45]), deren Zusammenhang mit Polygnot nach den Reliefs von Gjöl Baschi mir doch recht zweifelhaft erscheint. In der oberen Reihe werden die Töchter des Leukippos von den Dioskuren geraubt, unten sitzt links Zeus, der Vater der letzteren, ihm naht in lebhafter Bewegung ein Mädchen Agaue, rechts von ihr sitzen Aphrodite und Chryseis und den Abschluss endlich bildet die bei solchen Gewaltstreichen überflüssige Peitho nach rechts fliehend. Von den anderen hierher gehörigen Fällen zeigen besonders die Herakleshochzeit in Berlin [46]) und eine Heraklesapotheose aus Bari in Neapel [47]), dass die Anbringung der Götter in der unteren Reihe, welche an sich schon durch das Abweichen vom allgemeinen Brauche eine gewisse Originalität beweist, auch von originelleren Gedanken begleitet zu sein pflegt; denn es ist offenbar eine glückliche Idee des Künstlers, bei der Verklärung dieses Heros auf Dionysos den zweiten von einer erst nach ihrem Tode apotheosierten Sterblichen gebornen Zeussohn hinzuweisen, welcher gleich ihm den Platz unter den Unsterblichen erlangt hat und gleich ihm der Retter der Götter im Gigantenkampfe werden sollte. Auch in dem vierten hier anzuführenden Vasenbilde [48]), Dionysos unter der Aussendung des Triptolenus, lässt sich die innere Beziehung gar nicht verkennen.

---

[44]) Mon. d. J. II T. 31.
[45]) Wiener V. B. Ser. IV T. I vgl. Klein a. a. O. p. 205.
[46]) Nr. 3257. Gerhard, apul. Vb. T. XV.
[47]) Millingen, div. coll. pl. XXXVI.
[48]) Neapel Nr. 3245. Overbeck, Atlas zur K. M. T. XVI 16.

Nicht selten betrachtet zugleich ein Teil der Götter von oben aus die Handlung, während andere darunter, stehend, zu den Seiten der Darstellung sich befinden. Ganz typisch ist diese beobachtende Stellung für Hermes[49], aber auch Pan[50] und andere[51] werden so verwendet. Sie sind unmittelbar anwesend und für sie ist gerade auch das Zuschauen charakteristisch. Hermes hat den Göttern zu melden, was sich auf Erden ereignet und Pan ist der Gott der freien Natur, welcher aufgescheucht ist durch die in seinem Bereiche sich abspielenden Scenen. Auf diese Weise verbinden sie, da sie etwas über dem Niveau der unteren Reihe stehen und doch bis in die obere hineinreichen, beide Teile der Darstellung ebenso, wie sie in ihrer Bedeutung den Uebergang von den handelnden Personen zu den Göttern der oberen Reihe vermitteln. Um auch hier einige Beispiele anzuführen, nenne ich eine Triptolemosaussendung in Neapel, eine Heraklesapotheose ehemals Barone, das Amymonebild der Sammlung Fibipaldi und ein Vasenbild gleichen Gegenstandes, aber unbekannten Aufbewahrungsortes.

Bei diesen äusserlich so hervortretenden Wandelungen ist aber auch die Bedeutung der zuschauenden Götter für

---

[49]) Vgl. Overbeck, Atlas zur K. M. T. VI 15. T. XIII 11 u. 14. T. XVI 14. — Gerhard, Trinkschalen und Gefässe T. XXII. Él. cér II T. 103. — Minervini, Mon. di Bar. T. XVIII. — In seiner typischen Stellung mit gekreuzten Beinen an einen Stamm gelehnt ist er in die obere Reihe übernommen Bull. Nap. N. S. III T. V, wo er sehr ungünstig wirkt, weil diese Komposition der Figur auf grössere Verhältnisse in der Ausführung berechnet ist und überdies den Vasenmaler zwang, sie in kleinerem Masstabe als die anderen Gottheiten, Athena und Apollon, zu bilden.

[50]) Z. B. Overbeck, Atlas T. XVI. 14, Minervini, Mon. di Bar. T. XIX. Millingen, div. coll. pl. 43.

[51]) So Apollon, Overbeck, Atlas zur K. M. T. XVI 16. — Aphrodite vielleicht ebdas. T. VI 15, obgleich einmal das Stehen und zweitens der Umstand, dass Eros von der entgegengesetzten Seite heranschwebt, Bedenken gegen diese Benennung erregen müssen. Doch auch für eine Lokalgöttin will diese auf einen Pfeiler gestützte Figur schlecht passen.

die Darstellung eine ganz andere geworden. Während sie
früher mit der Handlung organisch verbundene Nebenfiguren
waren, sind sie später eine von der Handlung kompositionell
fast völlig losgelöste Interpretation derselben. Freilich lassen
sich auch noch in Vasenbildern von ausgesprochen unter-
italischem Charakter Anknüpfungspunkte an die frühere
Auffassung nachweisen, selbst wenn man von den Herakles-
Geryoneusbildern [52]), die ja noch am Typus der älteren Kunst
festhalten, absehen will. So wird man die Athena in dem
berühmten Berliner Kadmosbilde gewiss nicht aus dem Kreise
der rings die Darstellung umgebenden Götter loslösen können
und doch ist sie, indem sie dem Sieger den Kranz bietet,
in die Handlung hinein verwoben. Ebenso deutlich ist
Heras Verbindung mit dem auf dem Jattaschen Jokrater
dargestellten Vorgange; Argos wendet sich im Gespräche zu
ihr, und doch verlangt sie mit Hebe dieselbe Auffassung
wie Zeus, Aphrodite und Peitho. Hier ist Athena zu erwähnen, welche bei Herakles Abenteuer mit Atlas Nike
entsendet und vor allem gehören hierher die verschiedenen
Fälle, in welchen Eros von Aphrodite als Erreger der Liebe
entsandt wird [53]); auch an Apollon, welcher durch einen
Gestus seinem Staunen über Herakles' und Kyknos' Rüstung
Ausdruck giebt [54]), wäre zu erinnern und noch an manches
ähnliche. In der grossen Mehrzahl der Fälle aber vermissen
wir diese verbindenden Elemente, und nicht durch das, was
sie thun, sondern allein durch den Umstand, dass sie da
sind, zeigen die Götter ihre Bedeutung für den Vorgang.
Ihre Beziehungen zu diesem, welcher Art sie auch sein
mögen, finden ihren Ausdruck allein durch ihre Anwesenheit.

---

[52]) Berlin 3258, bei Gerhard ap. Vb. T X und Neapel 1924 bei
Millingen div. coll. pl. XXIII.

[53]) So bei Pelops u. Hippodameia Arch. Z. 1853 T. 54, bei Poseidon
u. Amymone Overbeck, Atlas zur K. M. T. XIII 14.

[54]) Museo Jatta Nr. 1088 publ. Bull. Nap. N. S. I. T. VI danach
in den Wiener V. B. Ser. III IV 1. — Arch. Z. 1866 T. 88.

In nur wenigen Fällen werden die Gottheiten unter sich zu einer auf den Gegenstand bezüglichen Parallelscene verbunden. Hierzu wurde der Vasenmaler besonders geführt, wenn er die ganze obere Reihe eines der grossen Prachtgefässe mit zuschauenden Göttern ausfüllen wollte und sich scheute, dieselben, wie es gewöhnlich geschah, verbindungslos neben einander zu setzen. Hatte er aber erst einmal die Absicht, seiner Götterreihe äusserlich eine einheitliche Komposition zu geben, so lag es auch nahe, sie innerlich zu einer auf den unten dargestellten Vorgang Bezug nehmenden Handlung zu verbinden. In drei Fällen verwandte der Künstler hierzu Scenen, welche ihm durch die dichterische Behandlung des Gegenstandes geboten waren.

1) Bild auf der Vorderfläche eines Kraters[55]) aus der Nähe von Kertsch. Eremitage N. 1807. Die Darstellung zerfällt in zwei Streifen, welche durch einen Hügelcontur geschieden sind. Die obere Reihe wird als hinter dem Hügel befindlich gedacht. Während in der unteren das Parisurteil dargestellt ist, teilt in der oberen Reihe Themis der Eris das Ergebnis ihrer Beratung mit Zeus mit. Beide Göttinnen, durch Inschriften bezeichnet, stehen vor ihren Viergespannen, auf welchen sie den Ort ihrer Zusammenkunft erreicht haben. Das Gespann der Themis wird von einer weiblichen Flügelfigur, Iris, gelenkt; die Wagenlenkerin der Eris ist nicht benennbar. Hinter dem Gespanne der Themis weist Zeus als zuschauender Gott im Götterstreifen darauf hin, dass sein Wille hier vollführt wird. Der Vasenmaler begründete also das unten vor sich gehende Parisurteil durch eine ihm aus den Kyprien bekannte Scene. Zeus berät dort mit Themis wie er die Erde von ihrer drückenden Last befreien könne: Der troische Krieg wird beschlossen und Eris muss die Veranlassung herbeiführen. Wir können wohl annehmen, wenn es auch strikte nicht bewiesen werden kann, dass auch in den

---

[55]) Abgeb. im C. R. pour 1861 T. III. Wiener V. B. Ser. A. T. XI.

Kyprien Themis diesen Auftrag an Eris überbracht hat. So wie hier eine vorangegangene Szene zur Begründung der Hauptdarstellung über sie gesetzt ist, ist auf

2) einem unteritalischen Achilleus und Memnons Kampf darstellenden Vasenbilde [56]) eine gleichzeitige olympische Parallelscene hinzugefügt. In der Mitte der oberen Reihe sitzt Hermes, neben ihm hängt die Wage mit den Seelen der Helden. Rechts enteilt Eos sich die Haare raufend, links deutet Thetis (Stephane) mit der Rechten nach unten, während die Linke ihren Schleier fasst. Wenn auch anzunehmen ist, dass dem Vasenmaler die entsprechende Scene der Aeschyleischen Psychostasie vorschwebte, so hat er doch, wie die Einsetzung des Hermes für Zeus beweist, sich nicht genau an das Drama gehalten. Ob ihm die Aethiopis selbst bekannt war, oder ob diese Version erst durch zweite und dritte Hände zu ihm gelangt, lässt sich nicht mehr entscheiden; dass diese Abweichung aber in letzter Linie auf das Epos zurückgeht, ist nach Roberts Ausführungen [57]) nicht mehr zu bezweifeln.

3) gehört hierher das Bild einer grossen Pelike des museo Santangelo [58]). Die Anordnung ist dreireihig. In der obersten ist deutlich eine abgeschlossene olympische Scene zu erkennen, welche freilich erst durch die Erklärung der mittleren Reihe in ihrer Bedeutung erschlossen wird. Adonis ist hier auf sein Lager hingestreckt, ein Eros mit einer Schale schwebt über ihm und sucht geschäftig durch Balsam den Schmerz der Wunde zu stillen. Zu Häupten des Lagers stehen zwei Göttinnen, welche beide, nicht näher characterisiert, die Namen Aphrodite und Kora mehr aus dem Zusammenhange erraten lassen. Am Fussende steht Artemis, welche den Tod des Adonis verschuldet hat. Darüber ist der Streit der Göttinnen um Adonis dargestellt. Hervorzuheben ist, dass sich hier in einem

---

[56]) Overbeck, H. G. T. XXII 7.
[57]) Bild und Lied S. 43.
[58]) Nr. 702. Bull. Nap. N. S. VII T. IX, auch unter Brunns Vorlegeblättern befindlich.

Vasenbilde, ein sonst nicht vorkommender Fall, dieselben Gottheiten in der Hauptscene und in der olympischen Parallelscene wiederfinden. Aphrodite kniet, den kleinen Eros umfassend, vor dem thronenden Zeus, welcher die Mitte der Reihe einnimmt. Ein zweiter Eros hält sein Scepter gefasst. Links neben Zeus steht Persephone (Ampyx Fackel), auf welche Hermes auf seinem Gewande sitzend folgt. Die Benennung der rechts oben sitzenden Frau ist unsicher, ebenso wie die Erklärung für den von ihr in der rechten Hand gehaltenen Gegenstand. Auch Heydemanns Benennung Kalliope, welche nach einer Version [59]) diesen Streit entschied, ist bei der Entlegenheit derselben kaum zu adoptieren. Hervorzuheben wäre nur, dass Hermes hier vollkommen als Psychopompos erscheint.

Wir hatten es hier mit Darstellungen bestimmter, von der Dichtung vorgebildeter Vorgänge zu thun. Die Götterscenen einiger anderer Vasengemälde tragen wohl auch einen ganz bestimmt individuellen Charakter, scheinen aber doch der dichterischen Vorbildung zu entbehren. Da sie literarisch wenigstens nicht nachweisbar sind, so lassen sie es als recht gut möglich erscheinen, dass wir es nicht mit dichterischen, sondern mit künstlerischen Erfindungen zu thun haben, die, wenn auch nicht von den Vasenmalern selbst, so doch von ihren Vorbildern herrühren. Es darf aber nicht ausser Acht gelassen werden, dass die beiden hier in Betracht kommenden Vasenbilder auch ihrer Ausführung nach die höchste Stufe dieses Kunstzweiges vertreten.

1) Amphora mit Gorgonenhenkeln der Sammlung Jatta N. 424 [60]). Die Darstellung ist in drei Reihen angeordnet. In der mittleren und unteren töten Apollon und Artemis die Niobiden. Die oberste Reihe zeigt in ihrer Komposition eine zu grosse Selbständigkeit und Geschlossenheit, als dass wir

---

[59]) Hyg. poët. astr. 7. 1.
[60]) Bull. Nap. I. T. III. Stark, Niobe T. II.

hier nicht dem Gedanken an einen bestimmten Vorgang nachgehen sollten. Ein solcher scheint sich in der Mittelgruppe abzuspielen. Eine reich gewandete mit Diadema und Kredemnon geschmückte Göttin sitzt nach links auf einem arg verzeichneten Throne; sie hält einen Fächer in der Rechten und wendet Oberkörper und Kopf zurück, so dass diese in Vorderansicht erscheinen. Vor dem Throne steht ein Perirrhanterion, auf dieses lehnt sich Hermes (Kerykeion, Chlamis, Petasos, Flügelschuhe), welcher den Kopf gegen die sitzende Gottheit wendet und die linke Hand noch im Gestus gegen sie erhoben hat. Offenbar hat er eben im Gespräche mit ihr inne gehalten, da der rechts neben der Göttin nach rechts sitzende und den Kopf zurückwendende bärtige Gott — nach der Bewaffnung zu urteilen ohne allen Zweifel Ares — das Wort ergriffen, wie aus dem lebhaften Gestus seiner rechten Hand hervorgeht. Für die sitzende Göttin sind zwei Benennungen vorgeschlagen worden. Nach ihrer Erscheinung sollte sie Hera [61]) nach dem Inhalte der Darstellung Leto [62]) sein. Kann aber Leto den Mittelpunkt einer solch vornehmen Götterversammlung bilden, welcher ausser Hermes und Ares noch rechts Aphrodite mit Eros und Pan, links Athene und Iris beiwohnen? Leto war ja ursprünglich die Hauptgöttin von Theben. Sie war dort Zeus' Gattin gewesen, bis sie durch Hera verdrängt wurde. Sie war aber besonders berühmt durch ihre Kinder. Für den unteritalischen Vasenmaler war sie jedoch sicher nur das letztere. In einer Götterversammlung wäre sie höchstens geduldet gewesen. Der Vorsitz kann ihr nicht einmal hier, trotzdem es sich um ihren durch ihre Kinder erreichten Triumph handelt, eingeräumt werden. Wie sollte auch dann die Scene gefasst werden? Ares als Hauptgott von Theben, der Schutzgott des Königshauses, kann nicht Leto um Gnade für Niobe anflehen. Glücklicher scheint mir die Be-

---

[61]) Stark, Niobe p. 153. Gerhard Arch. Z. 1844 p. 230.
[62]) Heydemann in den B. S. G. 1875 p. 218.

deutung, welche Stark in seiner Besprechung dieses Vasenbildes aus der Götterversammlung in feinster Weise herausgelesen hat. Hera ist die thronende Göttin, welcher Hermes das unten dargestellte Unglück berichtet hat. Sie nimmt in Vertretung des höchsten Gottes, den der Maler dieses Gefässes in feiner Berechnung weggelassen hat — denn er wird als Rächer der Hybris und als Vater der Letoiden Niobe nicht eben freundlich gesinnt sein — den Ehrenplatz ein. Bei ihr kann dann auch Ares Fürbitte für die Königin seiner Stadt einlegen, und sie wird schon aus Eifersucht gegen Leto bereit sein, nunmehr Gnade walten zu lassen. Worin diese nun bestehen soll, ob in der Entrückung nach Asien oder in der Verschonung eines Kindes[63]), ist gleichgültig, jedenfalls nicht aus der Darstellung zu entnehmen. Es bedarf wahrlich nicht der von Stark nachgewiesenen Beziehung Heras zu den Tantaliden und der Landschaft. Dass diese dem Vasenmaler überhaupt bekannt gewesen, bezweifle ich sehr. — Aphrodite mit ihrem Kreise schliesst sich als Hauptgöttin von Theben natürlich an Ares an; Auch Athena, vor welcher Iris steht, ist wohl mehr in ihren Kultbeziehungen zu Theben als zu Lydien zu verstehen, wie überhaupt das meiste in diesem Bilde auch ohne solche entlegene Beziehungen, wie die von Stark herangeholten, erklärt werden kann.

Mögen hier gegen diese Auslegung noch einige Zweifel zurückbleiben, so sind solche sicher unstatthaft gegenüber.

2) der Perservase, dem herrlichsten Denkmale der unteritalischen Vasenmalerei (Neapel, mus. naz. Nr. 3253).[64]) Das

---

[63]) Hyg. fab. 9 Diana filias in regia interemit praeter Chloridem. — Apd. III. V. 63 τὰς μὲν θηλείας ἐπὶ τῆς οἰκίας κατετόξευσεν Ἄρτεμις, τοὺς δ'ἄρρενας κοινῇ πάντας ἐν Κιθαιρῶνι Ἀπόλλων κυνηγετοῦντας ἀπέκτεινεν. ἐσώθη δὲ τῶν μὲν ἀρρένων Ἀμφίων, τῶν δὲ θηλειῶν Χλωρὶς ἡ πρεσβυτέρα ᾗ Νηλεὺς συνῴκησεν κατὰ δὲ Τελέσιλλαν ἐσώθησαν Ἄμυκλα καὶ Μελίβοια, ἐτοξεύθη δὲ ὑπ'αὐτῶν καὶ Ἀμφίων.

[64]) Mon. d. Jnst. IX T. 50. 51.

Vasenbild ist zu bekannt, als dass eine ausführliche Besprechung von Nöten wäre. Es sei kurz auf die Einteilung der oberen Reihe in die drei Gruppen hingewiesen. In der Mitte steht Hellas zwischen Athene und Zeus, welche sie ob des herannahenden Unwetters trösten. Zeus Blick und Geberde lassen uns über den beruhigenden Inhalt seiner Worte keinen Zweifel. Kaum bedarf es noch der Verheissung, welche in der mit der R. auf Hellas weisenden Nike liegt. Rechts sitzt auf einem Bathron die „stolze Königin" [65]) Asia, deren Krone und Skeptron trefflich zu dem majestätisch in den Nacken zurückgeworfenen Kopfe und den herben Gesichtszügen passen. Sie steht im wundervoll abgewogenen Kontraste zu dem einfachen zaghaften, aber doch seinen Göttern vertrauenden Landmädchen der schönen Hellas. Und wie Hellas' Götter lebendig sind, so ist Asias Göttin kalter Stein, ein nicht einmal menschenähnlicher Pfeiler mit menschlichem Kopfe und menschlicher Brust, eine Herme der Astarte, der wollüstigen weichlichen Göttin Asiens. Dafür steht ein Dämon vor Asia, eine Jägerin mit Schlangen im Haare, einem Pantherfelle und zwei Fackeln. Im Gespräche weist sie mit der Fackel in ihrer Rechten nach links auf Hellas. Die Beischrift lässt uns keinen Zweifel, wer dieser Dämon ist. Durch die Feststellung der drei erhaltenen Buchstaben als A II A bleibt keine andere Ergänzung übrig als Apate. Die Verblendung verführt Asia zu einem ungerechten, frivolen Kriege. In der mittleren und unteren Reihe sehen wir, wie der König trotz weiser Abmahnung auf seinem Entschlusse beharrt und wie das ganze Land fast unerschwingliche Opfer bringen muss, um so die Hochburg der Freiheit, das kleine Hellas, unter das grosse persische Joch zwingen zu helfen. Aber welchen Erfolg das Unternehmen haben wird, zeigt uns nicht allein die Mittelgruppe der oberen Reihe, auch die links sitzenden

---

[65]) Vgl. Heydemann in den Ann. d. Jnst. 1873 p. 39.

Gottheiten weisen darauf hin. Apollon mit seinem Schwane und Artemis auf seiner Hirschkuh schwanken nicht, für wen sie Partei zu ergreifen haben. [66]) Die Kultstätten, welche sie an Asien fesseln, sind durchaus hellenische; die Milesier, welche ihren didymäischen Apollon verehren, halten sich ebenso für Griechen wie die zur Artemis flehenden Ephesier. Apollon und Artemis sind hier zugegen als der Apollon Boëdromios und die Artemis Agrotera, welchen am 6. Boedromion das jährliche Marathonfest gefeiert wurde. [67]) Der Artemis opferte Kallimachos vor der Schlacht und seit dieser Zeit brachte stets am 6. Boedromion der Polemarch den Letoiden ein Ziegenopfer dar. Zum Danke weihten ja auch für Apollons Hilfe bei Marathon die Athener die bekannte Gruppe, das Jugendwerk des Pheidias nach Delphi: Miltiades von Athene und Apollon bekränzt.

— Wir sehen so von rechts nach links fortschreitend eine Entwicklung, welche uns den ganzen Gang der Handlung vor Augen führt: Asia durch Apate bethört, Hellas von seinen Göttern getröstet, Marathon die Erfüllung der göttlichen Verheissung. — Woher diese Komposition stammt, ist schwer zu sagen. Asia und Apate sind höchst wahrscheinlich auf das erste Chorlied in den Persern des Aeschylus zurückzuführen [68]), in welchen ja der Zug des Xerxes als ein Werk der Apate und der mit ihr gleichbedeutenden Ate erscheint. Die Uebertragung von Xerxes auf Dareios will wenig besagen. Ich glaube auch nicht, dass der Vasenmaler auf diesen Gedanken gekommen ist. Er hat ihn vielleicht der-

---

[66]) Heydemann a. a. O. p. 41 und seine Beschreibung dieses Gemäldes im Neapler Kataloge Nr. 3253.

[67]) Vgl. A. Mommsen, Heortologie p. 211 sqq.

[68]) V. 93. δολόμητιν δ'ἀπάταν θεοῦ
  τί δ'ἀνήρ θνατὸς ἀλύξει; und kurz darauf:
  V. 97. φιλόφρων γὰρ παρασαίνει
  βροτὸν εἰς ἄκρυας ἄτα. Vgl. auch hierzu Bergk. gr. Litt. gesch. III p. 289.

selben Quelle entlehnt, wie die herrliche in Bezug auf ihren Ursprung aber völlig dunkele Mittelgruppe. Man darf gleichwohl nicht übersehen, dass der Vasenmaler an diesem Bilde, auf welchem er nicht wie sonst die gewohnten schulmässigen Typen der Vasenmalerei verwerten konnte, eine erstaunliche Fertigkeit in der Charakterisierung der Figuren, besonders im Ausdrucke der Stimmungen bewiesen.

Im Gegensatze zu diesen Kompositionen finden wir auf zwei grossen Gefässen, der spätesten Zeit der Vasenmalerei angehörig, Götterreihen, welche äusserlich denselben Eindruck hervorzurufen bestrebt sind, in Wahrheit jedoch absolut in keinem Zusammenhange mit der Darstellung stehen und auch keinen bestimmten Vorgang erkennen lassen.

1a) Hauptbild einer grossen Ruveser Prachtamphora des mus. naz. Nr. 3256.[69]) Während in der mittleren und unteren Reihe der Amazonenkampf in die mannigfachsten Gruppen aufgelöst ist, zeigt die obere Reihe, ihrer Ausdehnung entsprechend, eine solch grosse Anzahl von Göttern, wie sie uns kaum auf einem anderen Gefässe begegnet. Offenbar sollte eine olympische Scene in dieser Reihe nachgeahmt werden, da die Selbständigkeit und Geschlossenheit an Zuschauer des Amazonenkampfes zu denken verbietet. Aber es handelt sich hier auch nicht um eine auf den unter ihr dargestellten Vorgang bezüglichen Götterscene[70]), sondern wir haben es mit einer bunten Zusammenstellung aller möglichen Olympier zu thun, unter denen Athene den hervortretendsten Platz vielleicht mit Rücksicht auf ihr Schutzverhältnis zu Theseus erhielt. Ich will sie kurz ohne eine

---

[69]) Mon. d. Jnst. II T. 30.

[70]) Nicht einmal um die schon ferner stehende Herakleshochzeit, welche Braun hier erkennen wollte. Ann. d. Jnst. 1836 p. 103 u. 106 sqq. Für Herakles ist durchaus kein Raum mehr, wie aus den erhaltenen Resten des leider arg verstümmelten Gefässes hervorgeht und die vermeintliche Hebe muss des z. T. erhaltenen Scepters wegen doch wohl als Hera gelten. Nike mit ihrem Zweige ist wohl mehr auf Athena als auf die sitzende Gottheit zu beziehen.

eingehendere Beschreibung aufführen. Links steht Poseidon; auf ihn folgen die aphrodisischen Gottheiten Aphrodite, Eros und Pan zu einer Gruppe vereinigt; dann sehen wir Athena auf einem Viergespann nach rechts eilend (meist ergänzt); die nächste weibliche Figur auf zwei Kissen sitzend, werden wir des Scepters wegen Hera nennen (Kopf und halber Oberkörper ergänzt); Nike, geflügelt, mit Kranz und Zweig, geht nach links; rechts von ihr sitzt Zeus mit Blitz und Vogelscepter; auf ihn endlich folgen die Letoiden. Artemis ist durch Jagdspeer und Köcher charakterisiert, während Apollon durch Kranz, Lorbeer und Lyra ausgezeichnet am rechten Ende der Reihe sitzt. Gewiss könnte man noch manche dieser Figuren oder Gruppen mit Theseus' Amazonenkampfe in Verbindung bringen, der Gesamtcharakter der Darstellung aber und ganz besonders eine Betrachtung des Reverses belehrt uns über die Verkehrtheit einer solchen Auslegung.

1 b) Das Reversbild dieses Gefässes[71]) stellt Theseus' auf seinem Amazonenkampf folgende Vermählung mit Antiopeia dar. Doch dieser Gegenstand ist in der mittleren Reihe erschöpft. Welche Deutung Klügmann[72]) ihr geben will, wenn nicht diese, ist mir unklar: Der Brautzug ist trotz der schlechten Erhaltung des Gemäldes unverkennbar; zu ihm passt auch die ihn erwartende Aphrodite; die Braut ist eine Amazone, der Bräutigam ein Grieche. Es gibt gar keine Deutung, welche sich an Wahrscheinlichkeit auch nur einigermassen mit dieser messen kann. In der unteren Reihe ist die Kathodos der Kora dargestellt. Mag es nun selbst der erste Raub sein, eine innere Verwandtschaft mit dem Hochzeitszuge des Theseus mit der Antiope war dem Vasenmaler gewiss nicht bewusst, selbst nicht Brauns „soggetti nuziali". Ebensowenig lässt sich auch ein Zusammenhang

---
[71]) M. d. J. II T. 31.
[72]) Die Amazonen p. 31.

zwischen der mittleren und der oberen Reihe erkennen. Auch hier löst sich eine Götterversammlung in mehrere Gruppen auf. Links steht Hera vor dem thronenden Zeus, hinter welchem wir Ganymedes erblicken; in der Mitte steht Helios auf seinem Viergespanne, welches eine weibliche Gottheit mit Fackel (Querhölzer) — man kann nicht behaupten besteigen — aber wenigstens ergreifen will; es folgt ein vor dem thronenden Poseidon stehender Jüngling, mit grösster Wahrscheinlichkeit Pelops benannt; hinter Poseidon endlich schliesst die nach rechts reitende Selene die Reihe ab. Ueber die Benennung der neben dem Gespanne des Helios sichtbaren Frau ist sicheres nicht zu sagen. Gerhard sah in ihr Hemera[73]), während Heydemann[74]) sie für Demeter hielt, welche auf Helios' Wagen nach ihrer Tochter suchen will, eine nicht überlieferte Wendung des Mythus[75]), welche die oberste mit der untersten Reihe in Verbindung setzen würde, was allein schon fast ein Grund mehr wäre, sie zu verwerfen. Die Vase gehört der spätesten Zeit der Vasenmalerei an und ist das Werk eines technisch recht geschickten Malers, welcher mit seinen Figuren und Gruppen wie mit gegebenen Grössen operierte, die er nur aneinander zu reihen hatte. Er wusste, dass es sich gehörte, in die obere Reihe Götter zu setzen; bei der Grösse des Gefässes war die Aufgabe besonders schwierig. Er half sich auf Avers und Revers in gleicher Weise, indem er in die Mitte Viergespanne[76])

---

[73]) Abhandl. d. Berl. Akad. 1838 p. 390 u. abgedruckt in den Ak. Abh. I p. 152. Seine ganze natursymbolische Erklärung widerspricht aber dem geistlosen Charakter des ganzen Bildes.

[74]) Im Neapler Kataloge.

[75]) Am ähnlichsten ist noch der bei Hom. hyum. Cer. überlieferte Zug, dass Helios ihr den Aufenthalt der Tochter verrät.

[76]) Das Viergespann ist eines der praktischsten und darum beliebtesten Füllsel. Ich erinnere nur an das unter Nr. 1 behandelte Kertscher Pariserteil, an die Lasimosvase, den Revers der Archemorosvase als die besten Seitenstücke für Avers und Revers unseres Gefässes u. a. m.

setzte und rechts und links von diesen seine Gruppen anbrachte.

2) Unteritalische Amphora im mus. Santangelo Nr. 24.[77]) In der mittleren Reihe sind Orestes und Pylades vor Iphigeneia dargestellt, in der unteren die Befreiung der Andromeda durch Perseus. In der Mitte der oberen Reihe sitzt Zeus, links neben ihm Hera, zu deren Rechten Aphrodite mit Taube. Rechts von Zeus sitzt Athene auf ihrem Schilde; neben ihr steht Nike ihr den Helm reichend. Diese Gottheiten mit Orestes und Iphigeneia zu vereinigen, ist schlechterdings unmöglich; auch der Versuch Raoul Rochettes[78]), sie auf beide unteren Darstellungen zu beziehen, ist nicht glücklich. Panofka[79]) wollte einen dritten Gegenstand, und zwar Vorbereitungen zum Parisurteile erkennen. Jedenfalls ist das aus der Panofkaschen Ansicht anzunehmen, dass die obere Reihe ganz für sich steht. Der Künstler, wenn man den Verfertiger dieses wahrhaft scheusslichen Machwerkes so nennen darf, wollte meines Erachtens nur dem Brauche gemäss in der oberen Reihe Götterfiguren anbringen. Er setzte Zeus in die Mitte und fügte links und rechts noch ein paar Göttinnen hinzu. Hierbei fielen ihm zunächst, und das ist der in Panofkas Ansicht enthaltene richtige Grundgedanke, die Göttinnen des so oft dargestellten Parisurteiles ein. Nike mit Athena zu verbinden, war mehr eine Gewohnheit als ein Gedanke des Vasenmalers. Dass er selbst aber nicht an das Parisurteil gedacht hat, scheint mir aus dem Fehlen des Hermes hervorzugehen. — Es ist gewiss ein beachtenswertes Zusammentreffen, dass in diesem Vasenbilde, wie auf dem Reverse des vorigen, wo die Götter so durchaus handwerksmässig-gedankenloser Zusatz waren, auch die Handlungen der mittleren und unteren Reihe in

---

[77]) Abgeb. bei Raoul Rochette, Mon. in. pl. 41.
[78]) R. Roch. a. a. O. p. 201.
[79]) Arch. Z. 1848 p. 222.

keinem Zusammenhange standen. Mit grosser Wahrscheinlichkeit reiht sich hier ein

3) ein nur in Fragmenten erhaltenes ehemals Hamiltonsches Vasenbild.[80]) Die Darstellung war zweireihig; in der unteren war der Amazonenkampf dargestellt. In der oberen erkennen wir deutlich Zeus und Hera, ein hinter Zeus sichtbarer Fuss lässt auf Ganymedes oder Hermes schliessen. Auf einem zweiten Fragmente sind Athene und Aphrodite völlig erhalten, während Apollon und Artemis durch Reste ihrer Attribute Leier und Reh verbürgt erscheinen.

Unsicher ist die Bedeutung des Götterstreifens auf einer Vase der Sammlung Jatta.[81]) Die Form des Gefässes ist ein Skyphos von ganz aussergewöhnlicher Grösse. Das Bild ist zweireihig, in der unteren entführt eine weibliche Figur auf einem von zwei Hirschkühen gezogenen Wagen einen Jüngling. Eroten schweben vor, hinter und neben dem Wagen, voraus eilt demselben eine Jägerin mit zwei Speeren und eine auf einem Pferde reitende weibliche Figur mit Fackel; eine dieser entsprechende erblicken wir auch hinter dem Wagen. — In der oberen Reihe fährt rechts Helios auf seinem Gespanne; in der Mitte sitzt Zeus auf seinem Throne, zu seiner Linken Hermes. Links steht Hera auf ein Perirrhanterion gelehnt (reiche Gewandung, Krone, Scepter); rechts von ihr steht Iris im Gespräche mit ihr begriffen. Jatta deutet die Darstellung der unteren Reihe auf Endymion und Selene. Würden dann auch die Gottheiten der oberen Reihe einzeln in ihren Beziehungen zu diesem Gegenstande unschwer nachzuweisen sein, so wird sich doch ein bestimmter in der Sage von Endymion begründeter Moment kaum in dieser Götterversammlung erkennen lassen. Uebrigens steht aber

---

[80]) Abgeb. bei Tischbein II Taf. 1 u. 2 (Paris).
[81]) Ann. d. J. 1878. Tav. d'agg'. G. vgl. hierzu p. 41 sqq. (Jatta).

die Jattasche Erklärung dieses Bildes auf schwachen Füssen. Ganz abgesehen davon, dass eine weibliche Gestalt auf einem von Hirschkühen gezogenen Wagen nicht gut als Selene angesprochen werden kann, ist auch von einer Entführung Endymions in der Ueberlieferung nichts enthalten, ja eine solche steht geradezu im Widerspruche mit dem Mythus. Eine passende Erklärung vorzuschlagen bin ich allerdings auch nicht im stande. Die obere Reihe des Bildes ist aber jedenfalls mit den vorher angeführten selbständig komponirten Götterscenen — wenigstens ihrer äusseren Erscheinung nach — zusammenzustellen.

Wenden wir uns von diesen Götterreihen, für welche die scharfe Abtrennung von der Hauptdarstellung einerseits und die fest geschlossene Komposition andererseits die charakteristischen Kennzeichen waren zu der grossen Mehrheit der uns hier interessierenden Vasenbilder, in welchen die zuschauenden Götter meist aus einzelnen verbindungslos nebeneinandergesetzten Figuren oder kleineren Gruppen bestanden. Dass solche Gruppierungen eine für den dargestellten Vorgang individuelle Bedeutung haben, lässt sich in einigen Fällen nicht verkennen. Wenn auf dem Jattaschen Jokrater Aphrodite den Arm auf Zeus' Schulter stützt, so heisst dies ohne Zweifel, dass Zeus, während er hier Jo durch Hermes von ihrem lästigen Wächter befreien lässt, im Banne der Liebesgöttin steht. In der oberen Reihe des Archemorosbildes sitzen Zeus und Nemea im Gespräche und die Erklärer[82]) haben wohl nicht Unrecht, wenn sie dieses Gespräch als die Klage der Nemea über die Verunheiligung ihres Bodens und Zeus' Verheissungen für den künftigen Ruhm Nemeas deuten.

Sonst finden Gruppierungen fast nur zwischen zu einander gehörigen Gottheiten statt. So wird Zeus vielfach mit seinem

---

[82]) Gerhard, Akad. Abhandl. I p. 12. — Overbeck, H. G. p. 115. — Friederichs, Praxiteles p. 131. — Vogel, Scenen eurip. Trag. p. 105.

treuen Diener Hermes oder auch Ganymedes verbunden [83]). Zu Hera wird Hebe [84]) gesetzt oder auch Iris [85]); zu Athene steht Nike [86]) in demselben Verhältnis. Auch Hera mit Zeus verbunden findet sich [87]) ebenso wie auf der Talosvase Poseidon und Amphitrite. Besonders häufig ist aber die Verbindung Aphrodites mit den zu ihr gehörigen Liebesdämonen Eros, Pan und Peitho. In gleicher Weise wird Dionysos gern von seinen Thiasoten [88]) begleitet. Unter gleichwertigen Gottheiten werden besonders oft die Letoiden in traulichem Vereine dargestellt [89]); wenn ihnen einmal noch Leto [90]) beigesellt ist, so hat dies in der Niobes Unglück vorführenden Hauptdarstellung seine Begründung.

Genrehafte Motive der verschiedensten Art werden zur Belebung dieser Gottesfiguren verwandt, ohne natürlich einen andern Wert als rein äusserlichen zu besitzen. So wenden sie öfters, wenn sie nebeneinander sitzend in einer Reihe angeordnet sind, in scheinbarem oder wirklichem Gespräche die Köpfe einander zu. Eros spielt mit dem Schwane der Aphrodite [91]) oder spiegelt sich in ihrer Schale [92]) oder wirft ähnlich dem Sauroktonos seinen Pfeil nach einer Schlange [93]).

---

[83]) So z. B. Arch. J. 1853 T. 53. — B. S. G. 1875 T. IV. — Poniatowskyvase u. a. m.
[84]) M. d. J. II 53. VIII 42.
[85]) Ann. d. Just. 1878 Tav. d'agg. G.
[86]) cf. u. a. Niobidenvase Jatta. — Mus. Santangelo Nr. 24. — Mon. d. Jnst. VJ VII Tav. 66.
[87]) Mus. Borb. V 51.
[88]) cf. u. a. Archemorosvase. — Overbeck, Atlas zur K. M. T. XVI 16. — Mon. d. Jnst. IV T. 16. — Millin, tombeaux T. XIII. Hervorzuheben ist, dass in den Lykurgosdarstellungen die Maenaden den Satyrn gegenüber bevorzugt werden ohne Zweifel im Anschluss an Homer ζ 133.
[89]) cf. Arch. Z. 1844 T. 13. — M. d. J. II T. 30. VIII T. 42. IX. T. 64 u. a. m.
[90]) B. S. G. 1875 T. IV.
[91]) Overbeck, Atlas T. XVI 14.
[92]) Arch. Z. 1869 T. 17.
[93]) Overbeck, a. a. O. T. XIII n..

Apollon füttert seinen Schwan[94] und Pan spielt mit einem Böcklein,[93] Hermes unterhält sich mit einem Satyr[95] und so liesse sich noch manches anführen. — In wirksamem Gegensatze stehen zuweilen die ruhigen olympische Heiterkeit atmenden Göttergruppen zu der wilden Aufregung der Hauptdarstellung. Gelassen sitzen Dionysos und Ariadne unter ihrem Gefolge, während neben ihnen Lykurgos in bakchischem Wahnsinne die Seinen ermordet.[96] In der oberen Reihe der Münchener Medeavase[97] sind links Athene und Herakles rechts die Dioskuren gruppiert, während unter ihnen das Haus des Kreon untergeht und Medea die Kinder des trostlos herbeieilenden Jason ermordet: oben die Erbauerin der Argo und die verklärten Götter gewordenen Argonauten, unten der Führer dieses ruhmvollen Zuges in seinem entsetzlichen Elende.

Wenden wir uns nunmehr zu der für uns wichtigsten Frage nach den Prinzipien, welche für den Vasenmaler bei Auswahl seiner zuschauenden Götter massgebend gewesen sind. Dass sie an die Schmerzenskinder unserer Wissenschaft die Mysterien, erinnern sollten und zwar an die, in welche der Verstorbene, dessen Grab mit diesen Vasen ausgestattet war, eingeweiht gewesen, ist eine Auffassung, welche heut nur noch für die Geschichte der Archäologie von Wert ist.

Man kann den Mysteriendeutungen gegenüber nicht skeptisch genug sein, und es wird wohl heut allgemein anerkannt, dass gerade auf griechischen Vasenbildern wenig Raum für sie ist, am allerwenigsten aber in Gerhard's „Mysterienbildern", welche zum grössten Teile weiter nichts sind als genrehafte Toilettenscenen, zum geringeren sich auf den Totencult beziehen; ja in einem Falle ist die Darstellung sogar mythologischen aber keineswegs mysteriösen Inhaltes. Letzteres möchte ich nämlich von dem a. a. O. auf Tafel I. und auch sonst

---

[94] Bull. Nap. N. S. III T. V.
[95] Santangelo Nr. 31.
[96] M. d. J. IV T. 16.
[97] Millin, Tombeaux de C. T. VII. Wiener V. B. Ser. I. T. XII.

mehrfach publizierten. [98]) in der Ermitage befindlichen Vasengemälde behaupten. Es ist unverkennbar, dass hier die Haupthandlung zwischen den in dem Gebäude befindlichen Personen Hades, Kora und Hermes vor sich geht. Letzterer richtet mit sprechender Geberde einen Auftrag an Hades aus. Die andern Figuren lassen keinerlei Vermutung über den Inhalt des Gespräches zu. Artemis und Apollon ebenso Aphrodite mit Eros und Pan sind nur als Zuschauer zugegen. Die darunter befindlichen Mädchen mit Hydrien erinnern ungemein an den aufziehenden Chor der Tragödie und lassen die Anlehnung an ein scenisches Vorbild, welches schon durch das Gebäude wahrscheinlich war, fast als gesichert erscheinen. Die Deutung, welche Gerhard und Raoul Rochette dem Bilde gaben „Vorbereitung zu den Mysterien" ist nicht besser als gar keine Deutung, und doch scheint nur eine ganz bestimmte Erklärung aus Hades, Kora und Hermes hervorzugehen, denn durch sie allein muss der Vorgang erklärt werden können. Hermes kündet Hades den Götterbeschluss an, nach welchem Dora zwei Drittel des Jahres an der Oberwelt leben soll. Schon im homerischen Hymnus greift Hermes in dieser Weise ein [99]) und es ist möglich, dass eine tragische Behandlung, von welcher wir sonst allerdings nichts wissen, diesen Zug beibehielt. Den Chor bildeten der Unterwelt entsprechend vielleicht die Danaiden, welche durch die Hydrien als ihr charakteristisches Attribut kenntlich gemacht waren, vielleicht war er auch dem eleusinischen Feste, welches ja an diesen Mythus anknüpfte, entlehnt, und lässt sich möglicherweise aus den Plemochoen [100]) erklären. Auf die zuschauenden Götter werde ich später zurückkommen.

---

[98]) Arch. Z. 1884 T. XIII und in Ser. E der Wiener V. B., wenn ich nicht irre; sie sind mir z. Z. nicht erreichbar. — Raoul Rochette, Mon. in pl. 45.

[99]) Hom. hymn. Cer. v. 355 sqq.

[100]) cf. Ath. XI p. 96ᵃ· πλημοχοή, σκεῦος κεραμεοῦν βεμβικῶδες — χρῶνται δὲ αὐτῷ ἐν Ἐλευσῖνι τῇ τελευταίᾳ, τῶν μυστηρίων ἡμέρᾳ ἣν καὶ ἀπ' αὐτοῦ προσαγορεύουσι πλημοχόας. cf. Nauck, Eur. frgm. 595.

Es sei hier gestattet, gleich noch ein zweites Vasengemälde [101]) vom Mystizismus zu retten. Gerhard, welcher es publizierte, nannte es Orpheus als Mystagog. Die Darstellung besteht aus zwei Reihen; in der Mitte der unteren wird durch eine Herme, wie auf der Unterweltsvase Santangelo [102]) die Grenze von Unter- und Oberwelt angedeutet. An der Herme steht Orpheus, den Kerberos an der Kette haltend und reicht einem Jünglinge, welcher vom Pädagogen begleitet, genaht ist, die Leier. Darin liegt aber doch nichts mysteriöses. Ein poetischer aber doch naheliegender Gedanke, dass ein Dichter die Leier des Orpheus aus der Unterwelt heraufholt und so als sein berufener Nachfolger bezeichnet, wird, spricht aus diesem Bilde, dem möglicherweise ein spätes Gedicht zum Grunde liegt. Aehnlich wird ja auch Terpandros als Erbe des thrakischen Sängers geschildert, wenn von ihm erzählt wird, dass er die vom Meere nach Lesbos getragene Leier desselben auffand. Auf welchen Dichter unser Vasenbild sich beziehen soll, ist freilich unaufgeklärt. Auch die Götterfiguren der oberen Reihe Aphrodite mit Eros und Pan und Hermes geben hierüber keinen Aufschluss.

Wenn es nötig war, diese Vasenbilder gegen die Deutung auf Mysterien in Schutz zu nehmen, so fällt es in Bezug auf die „Zuschauenden Götter" schon lange niemanden mehr ein, diesen Abweg einzuschlagen, wie ja für die meisten hier in Betracht kommenden Vasengemälde schon Versuche und zum Teil recht glückliche gemacht worden sind, den Zusammenhang zwischen Göttern und Handlung festzustellen. Was aber fehlt ist eine Verarbeitung des gesamten sehr reichlichen Materiales, welche auch im Einzelnen noch vieles klar zu stellen hat.

Es muss davon ausgegangen werden, dass die Begründung für die Anwesenheit einer Gottheit zunächst in dem dargestellten Gegenstande zu suchen ist. Freilich muss

---
[101]) Arch. Z. 1844 T. 14.
[102]) Arch. Z. 1867 T. 221.

man sich auch hüten, wenn eine solche Herleitung ernstliche
Schwierigkeiten macht, durch Heranziehung allzu entlegener
Wendungen und Motivierungen dem Vasenmaler eine übergrosse mythologische Gelehrsamkeit oder auch eine für einen
Handwerker gar zu philosophische Betrachtung des Gegenstandes zuzuschreiben. [103]) Es hat gewiss auch Vasenmaler
gegeben, welche den ihnen durch die Ausbildung des Prinzipes der zuschauenden Götter gebotene Spielraum, Phantasie
und Kenntnisse zu verwerten, in anerkennenswerter Weise
benutzt haben. Minder gedankenvolle mussten sich aber zu
einer gewissen Willkür verleitet fühlen. Unsere Sache ist
es, beiden Gerechtigkeit widerfahren zu lassen.

Wie die Götterscene dreierlei Ursprung verrieten, indem
sie entweder von der Dichtung ausgebildete olympische
Parallelscenen darstellten, oder in freier Weise eine der
Handlung entsprechende Scene hinzufügten, oder endlich nur
als Raumfüllung für die oberste Reihe des Vasengemäldes
dienten, so haben die Vasenmaler auch in der Auswahl der
einzelnen Götterfiguren drei entsprechende Verfahren eingeschlagen. Sie benutzten entweder die Gottheiten, welche
nach der Ueberlieferung in den Mythus eingriffen, oder sie
suchten nach solchen, welche nach ihrem Dafürhalten ein
Interesse an Personen oder Handlung nehmen konnten,
oder endlich sahen sie in der Hinzufügung der Götter nur
ein ihnen durch Handwerkstradition überkommenes Mittel,
den leeren Raum zu füllen und setzten sie dann hinzu, ohne
auf den Inhalt der Darstellung auch nur die mindeste Rücksicht zu nehmen. Freilich wird nicht immer mit Sicherheit
zu bestimmen sein, welches dieser Verfahren von dem
Künstler in jedem einzelnen Falle angewendet worden ist,
da uns besonders die Hauptquelle, aus welcher sie ihre

---

[103]) So wie es meines Erachtens Brunn bei Besprechung der Lykurgosvase des Br. Mus. Ann. d. J. 1860 p. 340 sqq. und Welcker A. D. V
p. 403 gelegentlich des Karlsruher Parisurteil gethan haben.

mythologischen Kenntnisse entnahmen, die Tragödie verhältnismässig lückenhaft überliefert ist. Das ist aber sicher, dass sich viele Vasenmaler nicht an eines derselben gebunden glaubten und besonders, wenn der Raum eine grössere Anzahl Gottheiten erforderte, von den nächstliegenden zu immer entfernteren Beziehungen ihre Zuflucht nahmen, bis sie schliesslich zu ganz unmotivierten Füllfiguren hinabstiegen. Als besonders charakteristisches Beispiel hierfür möchte ich die Hippolytosvase [104]) des brit. mus. anführen. Man kann deutlich verfolgen, wie die Zusammenstellung der Reihe von rechts nach links fortschritt. Rechts sitzt Poseidon, der Gott, welcher das Untier gesandt, von seinem Sohne Theseus darum gebeten; es folgt die von Hippolytos beleidigte Aphrodite, welche vor allem der Rolle im euripideischen Drama diesen Platz verdankt. Artemis, des Hippolytos Gönnerin wollte der Künstler bei dem Untergang ihres Lieblings nicht anwesend sein lassen, [105]) wiewohl auch sie in der euripideischen Tragödie, auf welche Vogel mit vollem Recht dieses Bild zurückführte, [106]) handelnd auftrat. Der Künstler war nun einigermassen um weitere Götterfiguren in Verlegenheit. Er glaubte nun als dritte Athene Theseus' Schutzgöttin den Feinden des Hippolytos zugesellen zu dürfen, welche somit in unsere zweite Kategorie fallen würde. Apollon und Pan endlich sind lediglich Füllfiguren, für welche eine Begründung absolut nicht in dem Mythus zu finden ist. Dies eine Beispiel, welchem sich noch eine ganze Reihe anderer — ich erinnere nur an verschiedene Bellerophondarstellungen, [107]) an die Marsyasamphora Jatta,

---

[104]) Arch. Z. 1883 T. VI.
[105]) Ich bin hier wirklich mehr geneigt mit Panofka (Arch. Z. 1848 p. 246) einen „feinen Zug" des Vasenmalers zu bewundern, als mit Kalkmann (Arch. Z. 1883 p. 46) hierin eine Nachlässigkeit zu finden oder gar mit Körte (Personifik. psychol. Aff. p. 37) an ihre Ersetzung durch Apollon zu glauben.
[106]) Scenen eurip. Trag. p. 65.
[107]) M. d. J. II. 50. IX. 62. Gerhard, ap. Vb. T. VIII.

an die Lykurgosvase ¹⁰⁸) des brit. mus. u. a. m. — an die Seite setzen liessen, darf hier genügen.

1. Gottheiten durch den Mythus begründet.

Am wenigsten befremden wird die Gegenwart der Gottheiten, deren Mythen in den betreffenden Vasenbildern dargestellt sind. Oft ist ein Moment gewählt, in welchem ihre unmittelbare Anwesenheit überflüssig, sogar störend wäre, und versetzte sie dann der Künstler in ein ideales Lokal, von dem aus sie den Vorgang beobachten, vor allem aber dem Beschauer das Verständnis des Bildes erleichtern sollten. So begegnen wir Zeus in der oberen Reihe zweier Vasenbilder ¹⁰⁹), während darunter Europe mit dem Stiere spielt, welcher sie dem Gotte zuführen soll. Die eine dieser Darstellungen hat noch ihr besonderes Interesse durch die Jugendlichkeit des Gottes, welche der Natur des Liebesabenteuers entsprechend nicht nur ihm, sondern auch Poseidon ¹¹⁰) und Hades ¹¹¹) verliehen werden kann.

Zu diesen Europebildern bietet das treffendste Seitenstück das Gemälde eines im Berliner Museum befindlichen Ruveser Kraters ¹¹²), welches, wie ich glaube, noch nicht richtig in seiner Bedeutung erkannt ist. Die Darstellung ist zweireihig; in der unteren naht einem schönen Jünglinge ein Schwan, welcher, wie wohl allgemein anerkannt wird, ihn entführen soll. Links steht der Pädagog, rechts etwas höher Hermes. In der oberen Reihe sitzt links Poseidon, rechts Aphrodite mit Eros. Die Deutungen, welche dieses Vasengemälde bis jetzt erfahren, konnten unmöglich zufrieden stellen. Gerhard ¹¹³), welchem Welcker ¹¹⁴) und Overbeck ¹¹⁵)

---
¹⁰⁸) M. d. J. V. T. 23.
¹⁰⁹) Overbeck, Atlas T. VI 13 u. 15.
¹¹⁰) Bull. Nap. II 61 Overbeck, gr. K. M. III p. 372 a.
¹¹¹) cf. Overbeck Atlas T. XVIII Nr. 17 und ausserdem Arch. Z. 1867 T. 221.
¹¹²) Nr. 3297. Gerhard, Trinksch. u. Gef. T. XXII.
¹¹³) Arch. Z. 1846 p. 252.

sich anschlossen, sahen in dem Jünglinge Pelops, welchen Poseidon sich durch einen Schwan zuführen lasse. Für eine Verbindung Poseidons oder auch Pelops' mit dem Schwane fehlt aber jegliche literarische sowie selbst monumentale Analogie. Eine solche glaubte aber Braun für die Verbindung des Schwanes mit Ganymedes zu besitzen und seiner Erklärung auf Ganymedes Entführung schloss sich selbst Gerhard später an. Poseidon als zuschauenden Gott für diese Deutung zu begründen, unternahm Furtwängler[116], indem er ihn als Schutzgott des Dardanidenhauses ansprach, ohne freilich auch nur einen Beleg hierfür beibringen zu können. Ein anderes Monument kommt uns aber zu Hilfe; die Entführung eines Jünglinges durch einen Schwan, aber nicht für Zeus oder Poseidon, sondern für Aphrodite ist noch auf einem anderen Vasengemälde dargestellt worden.[117]) So ist auch der Schwan erklärlich, welcher nächst Apollon der Aphrodite in einer grossen Anzahl Monumenten zukommt. Es ist hiermit der Kreis gegeben, in dem wir nach der Deutung zu suchen haben. Unter den von Aphrodite geliebten Jünglingen ist der berühmteste aber Adonis. Ihn haben wir auch in diesem Vasenbilde zu erkennen. Die Analogie eines etruskischen Spiegels[118]), auf welchem wir Turan, Atunis und den Schwan sehen, ist wegen der Anwesenheit Apollons vielleicht nicht zwingend. Entscheidend ist aber, dass die Berechtigung des verhältnismässig selten dargestellten Poseidon zu seinem Platz in der oberen Reihe nunmehr völlig klar liegt. Adonis ist nämlich nach Hesiod ein Sohn des Phoinix[119]) und dieser wiederum ein Enkel

---

[114]) cf. den Bericht über die Sitzung des arch. Inst. in Rom am 3. April 1846 in der Arch. Z. 1846 p. 291.
[115]) K. M. III p. 348.
[116]) Eros p. 31.
[117]) Gerhard, A. V. B. T. 320.
[118]) Gerhard, etr. Sp. I T. 111.
[119]) Apd. III. XIV. 4.1. Ἡσίοδος δὲ αὐτὸν ("Ἄδωνιν) Φοίνικος καὶ Ἀλφεσιβοίας λέγει.

Poseidons. Auch Aphrodite gewinnt hier eine tiefere und der Schönheit der Darstellung würdigere Bedeutung, als es bei der Erklärung auf Pelops oder Ganymedes möglich wäre. Sie ist wie Zeus in den Europedarstellungen die Gottheit, auf welche sich der darunter dargestellte Vorgang im Ganzen bezieht.

Auch bei den Folgen ihrer Liebesabenteuer wird die Anwesenheit der Götter zur Erklärung des Vorganges verwendet. Während auf dem Jattaschen Jokrater Argos von Hermes angegriffen wird, sind im Hintergrunde mehrere Gottheiten zu sehen, welche, trotzdem eine derselben Hera, mit Argos im Gespräche dargestellt ist, doch sonst vollkommen als zuschauende erscheinen. Dass Zeus hier nicht fehlt, ist natürlich; besonders hervorzuheben ist, dass der Künstler das Liebesmotiv durch den Ausdruck eines intimeren Verhältnisses zwischen Zeus und Aphrodite zu betonen versuchte. In dem Schicksale seiner Geliebten Alkmene spielt Zeus eine ähnliche Rolle und rettet sie vor dem Flammentode, welchen ihr der eifersüchtige Aphitryon zugedacht, durch Gewitter und Regen. Dies stellte der euripideischen Version folgend der Vasenmaler Python in seinem einzig erhaltenen Werke dar.[120]) Hyaden löschen den Scheiterhaufen und am Boden liegen die von Zeus geschleuderten Blitze. Diesen aber, welchen wir hier eher handelnd als zuschauend erwarten würden, hat der Künstler rechts oben in die Ecke placiert, ebenso unbeweglich wie die doch gewiss nur zuschauende ihm links entsprechende Eos.[121]) Nicht

---

[120]) Nouv. ann. 1837 T. X. Vgl. Ann. d. Jnst. 1873 p. 5 (Engelmann) ferner Engelmann, Alkmene. Programm des Friedrichs Gymnasiums in Berlin (mir nicht zugänglich) und Vogel a. a. O. p. 33.
[121]) Die von Overbeck K. M. II p. 405 (mit Anm. 168) versuchte Begründung, scheint mir nicht mit dem Standpunkte eines Vasenmalers zu harmonieren.

sein Eingreifen ist hier dargestellt, sondern nur angedeutet, dass das, was geschehen, durch seine Fügung sich so gewendet habe. — Auch die so überaus seltene Figur des Hephaistos schuf der Künstler eines schönen Chiusiner Gefässes [122]), durch die Feuerzange gar keinen Zweifel an seiner Benennung zulassend, um ihn als den Vater der Geburt des Erichthonios anwohnen zu lassen.

So wie die Liebe hat auch der Kampf die Götter mit den Menschen in Verbindung gebracht. Sie führen das Verderben ihrer Feinde herauf und sind demgemäss in den Vasenbildern die Zeugen des Unheiles, welches sie angerichtet. Die Letoiden rächten die Beleidigungen ihrer Mutter an der stolzen Niobe. Tief gebeugt steht diese in dem Grabtempel ihrer Kinder [123]), während ihre Eltern zu ihren Füssen trauern. An sich wäre die Deutung auf Niobe entschieden nicht zu erraten. Aus dem auffälligen Umstande aber, dass Leto im Vereine mit ihren Kindern der Darstellung als Zuschauerin beigefügt ist, zog Heydemann den sehr berechtigten Schluss, dass das Verhältnis Letos zu ihren Kindern den Schlüssel zu diesem rätselhaften Vasenbilde enthalte; die Deutung auf Niobe ergab sich nunmehr von selbst. — Nur Artemis ist beteiligt an der Bestrafung des Aktaion. Sie sitzt in einem apulischen Vasenbilde des Berliner Museums [124]) links von dem von seinen Hunden angefallenen Frevler. Eine eigentümlich verflachte Version des Aktaionmythus scheint das Bild einer rotfigurigen Amphora des mus. Santangelo Nr. 31 zu verraten. Das Vergehen Aktaions scheint hier nicht in seiner verbrecherischen Liebe zu Artemis zu liegen, sondern wie in so manchen Fällen in der Tötung einer der Artemis heiligen Hirschkuh. In dieser Handlung begriffen ist er hier nämlich dargestellt, während das Hervorsprossen

---

[122]) M. d. J. III T. 30.
[123]) B. S. G. 1875 T. IV.
[124]) Nr. 3239. Gerhard, Ap. Vb. T. VI.

des Geweihes den Beginn der Verwandlung andeutet. Rechts oben ist Artemis sitzend bemerkbar zum Hinweise darauf, dass sie als die beleidigte Göttin diese Strafe verhängt. — Auch Dionysos rächt sich an seinen Gegnern in grausamster Weise. Wie schon erwähnt, bildet er dann durch seine erhabene Ruhe zuweilen von Thiasoten begleitet einen wirksamen Kontrast gegen die Verwirrung und Aufregung seiner Feinde. In einem Ruveser Vasengemälde [125]) sieht er mit Ariadne vereint, während drei Mänaden ihr ausgelassenes Spiel um sie treiben, erbarmungslos auf den unglückseligen Thrakerkönig hin, welcher gerade sein zum Altar geflüchtetes Weib zu töten im Begriffe ist. In einem zweiten Vasenbilde [126]) desselben Gegenstandes ist er nur von einer Mänade begleitet. Friedlich steht er auch mit dem Kantharos und dem Rebzweige neben dem Altare [127]), zu welchem die Proitiden geflohen sind, um sich von dem habgierigen Seher Melampus entsühnen zu lassen; auf der andern Seite des Altars entspricht ihm ein Silen mit Thyrsos, welcher besonders durch seine komisch ernste Miene auffällt.

Hier waren die Götter die Hauptfiguren des Mythus, ohne sie fielen diese vollständig zusammen. Sie spielen aber auch oftmals in den Mythen anderer Götter und in Heroensagen recht hervorragende Rollen. Sie regieren dann eben nicht den ganzen Mythus, können aber für Momente desselben, ja oftmals für entscheidende von Wichtigkeit sein. Dann gebührt ihnen bei Darstellung dieser Momente natürlich derselbe Platz wie in denen ihrer eigenen Mythen. In dem grossen troischen Cyklus erschien als Beginn der Verwicklungen das Parisurteil. Die Kyprien stellten dieses als Zeus' wohlerwogenen Willen dar; es ist das Resultat seiner Beratung mit Themis und so war in dem oben be-

---

[125]) M. d. J. IV T. 16.
[126]) Welcker—Zoëga I 3. Millin, Tombeaux T. XIII.
[127]) Neapel Nr. 1760. Millingen, div. coll. LII und vielfach sonst.

sprochenen Kertscher Vasenbilde, während Themis ihren Auftrag an Eris ausrichtet, und so dieser Vorgang das darunter dargestellte Parisurteil motivierte, Zeus' Anwesenheit wiederum die Motivierung für den Vorgang der oberen Reihe. Noch zwei andere Darstellungen des Parisurteils drücken das Διὸς δ' ἐτελείετο βουλή durch seine Gegenwart aus. Für das Karlsruher Vasenbild [128]) ist diese Absicht des Künstlers schon durch Eris' Anwesenheit gesichert. Für die Vulcenter Parishydria in Berlin scheint Furtwängler [129]) der Anwesenheit des Ganymedes wegen Zeus als einen Schicksalsgenossen des Paris aufzufassen; denn auch er ist durch Aphrodite bestrickt. Mir scheint, dass hier, wo die mythologische Berechtigung sich so ungezwungen ergibt, solch gezwungene und doch noch recht hinkende Analogien nicht herausgelesen werden dürfen. — Wie das Parisurteil ein Werk des Zeus, erscheint eine andere der vorbereitenden Episoden vollständig als Werk der Artemis: die Opferung der Iphigeneia und so steht sie denn in einem Vasenbilde [130]), welches die wunderbare Rettung der Iphigeneia uns veranschaulicht, als die Entsenderin der Hirschkuh rechts oben teilnahmsvoll auf den Vorgang herabblickend. Sie ist im Iphigeneiamythus die Hauptgöttin und darum auch fast in allen Darstellungen desselben gegenwärtig.

Auch die Quelle eines anderen Mythus ist in dem Grolle der Artemis zu suchen. Sie hat den verderblichen Eber in die kalydonischen Gefilde gesandt, welcher so endloses Leid über das Geschlecht des Oineus brachte. Die kalydonische Jagd war ein beliebter Gegenstand der späteren Vasenmalerei und auf einer in Bengazi gefundenen Vase [131]) sehen wir Artemis

---

[128]) Overbeck, H. G. XI. 1.
[129]) Eros p. 22. Schon die Placirung des Ganymedes, welcher allerdings im Anschlusse an das Lokal gewählt ist, spricht gegen diese Ideeenverbindung.
[130]) Overbeck, H. G. XIV. 9.
[131]) Ann. d. Inst. 1868 Tav. d'agg. L. M.

als zuschauende Gottheit über dieselbe gesetzt. — Auch gegen Adonis lässt sie ihren Eber wüten. Sie steht dann auch auf der Adonisvase Santangelo am Fussende seines Totenbettes und ich glaube noch ein zweites Vasengemälde [132]), auf welchem wir Artemis antreffen, für Adonis' Tod in Anspruch nehmen zu dürfen. Minervini, welcher es herausgab, bezog es auf Aktaion. Ein jugendlicher Jäger, unterwärts bekleidet, sitzt auf seinem Gewande, vor ihm steht sein Hund. Rechts lehnt Artemis auf einem Pfeiler; die gesenkte Linke sucht den Anschein einer Handlung zu erwecken, doch scheint diese Bewegung nur den Zweck künstlerischer Belebung dieser Figur zu erfüllen; links sehen wir Pan mit Hörnern, Syrinx und Zweig; unten steht mit aufgestütztem Fusse eine Ortsnymphe. An dem Kopfe des Jünglings ist etwas wahrnehmbar, was man leicht für Hörner halten könnte, was aber möglicherweise auch die Enden einer Binde sein können. Dieselbe war weiss aufgesetzt und es ist vielleicht die Farbe zum grössten Teile abgesprungen. Die Deutung auf Aktaion ist jedenfalls unmöglich. Dieser muss entweder noch vor der Verwandlung dargestellt sein, wie auf dem Vasenbilde des Berliner Museums, wo aber das Anfallen der Hunde keinen Zweifel an seiner Persönlichkeit zulässt, oder er muss ein ganz ausgesprochenes Geweih tragen wie auf dem zweiten oben S. 36 erwähnten Vasenbilde und noch auf einigen anderen [133]). Ohne dieses Geweih und ohne die Darstellung der wütenden Hunde ist er nie zu erkennen. In einem jungen Jäger, welchen man doch, wie es scheint, ermattet niedergesunken sich zu denken hat, und welcher recht wohl die Wunde am Schenkel mit seinem Gewande verdeckt haben kann, wird man um so eher Adonis sehen dürfen, als Artemis' Gegenwart auf die Bedeutung hinweist, welche sie für diesen Jüngling als seine Todesgöttin hat.

---

[132]) Minervini, Mon. Bar. XIX.
[133]) Vgl. besonders M. d. I. XI T. 42.

Auch auf das zukünftige Eingreifen der Gottheiten, wenn dieses für den Gang des Mythus von bestimmendem Einfluss ist, deutet des öfteren ihre Gegenwart. So ist Aphrodite anwesend, wenn Zeus mit Themis, Athena und Hermes Rats pflegt, um die Erde von ihrer drückenden Last zu befreien. Denn Strube [134]) folgend halte ich ein Vasenbild der Eremitage Nr. 1793 [135]) für eine Darstellung dieses Vorganges, wenn ich auch für die rechts forteilenden Figuren der Robertschen Deutung [136]) auf Selene und Phosphoros den Vorzug gebe, natürlich ohne im übrigen mich der von ihm selbst nur als Versuch bezeichneten Deutung anzuschliessen. Auch in einem Paris und Oinone darstellenden Vasengemälde [137]) scheint Aphrodite mir mehr auf die durch sie erfolgte Lösung des Verhältnisses zu deuten, als daran zu erinnern, dass sie als Liebesgöttin die Stifterin desselben war.

Diesen Fällen des Eingreifens um ihrer selbst willen gegenüber stehen diejenigen, in welchen die Götter zu Gunsten ihrer Lieblinge grösseren oder geringeren Anteil an der Handlung haben. Auch darauf wiesen die Vasenmaler hin, indem sie ihnen einen Platz als Zuschauer des Vorganges einräumten. Poseidon übergibt dem Bellerophon, nach Einigen seinem Sohne [138]), jedenfalls aber einem den Meergöttern nahestehenden Helden, den Pegasus das von ihm mit der Medusa erzeugte Flügelross, mittels dessen er die Chimaira besiegt. Athene vervollständigt dieses Geschenk, indem sie das Flügelross zügelt [139]) oder doch wenigstens Bellerophon die Zügelung

---

[134]) Strube, Bilderkreis von Eleusis p. 86, Anm.
[135]) Am zugänglichsten abgebildet in Robert, arch. Märchen, T. III.
[136]) Robert a. a. O. p. 188.
[137]) Millingen, div. coll. T. XLIII. cf. hierzu Welcker, A. D. V p. 437. — Brunn, troische Misallen p. 61. — Furtwängler, Eros p. 25. — Körte, Personifikationen p. 53. — Stephanis Bemerkungen im C. R. pour 1862 p. 139 werden durch letzteren abgefertigt.
[138]) Hyg. fab. 157.
[139]) Paus. II. 2. 1.

lehrt¹⁴⁰). Wenn auch Poseidons Geschenk als das bedeutendere erscheinen muss, so ist er doch nur in drei Darstllungen von Bellerophons Siege über die Chimaira anzutreffen, während Athene uns in sechs d. h. allen, welche überhaupt zuschauende Götter aufweisen, begegnet¹⁴¹). Athene war dem Vasenmaler eben eine gewohntere Gestalt als der Meergott und hauptsächlich galt sie ihm als Heldenschützerin, die er bei den Abenteuern aller Heroen hinzuzufügen, sich berechtigt glaubte, selbst wenn sie nicht so thätig wie bei Belerophon oder bei Perseus mitgewirkt hatte. — Fast denselben Dienst wie Bellerophon hatte Poseidon auch dem Pelops erwiesen¹⁴²). Pelops, welcher zu ihm in einem ähnlichen Verhältnisse gedacht wurde wie Ganymedes zu Zeus, hatte als Gunstbezeugung die Rosse erhalten, mit welchen er den Sieg über Oinomaos errang. Es ist wenigstens wahrscheinlich, dass dem Maler, welcher bei Pelops' Abfahrt, Poseidon zugegen sein lässt¹⁴³), diese bei Pindar überlieferte Version bekannt war. Ein ähnliches Verdienst hat Hermes um Perseus' Erfolg gegen die Medua. Die Flügelschuhe und die Hadeskappe hatten neben der Harpe Athenes erst die Erwerbung des Gorgonenhauptes ermöglicht und auf einem unteritalischen Krater des Leipziger Museums¹⁴⁴) steht Hermes dabei, während Athene das Spiegelbild des Gorgonenhauptes ihrem Schützlinge im Wasser zeigt. Besonders hervorragend ist der Schutz, welchen Athena dem argivischen Heroen Danaos zuteil werden liess¹⁴⁵).

---

¹⁴⁰) Pindar, Ol. XIII v. 90 sqq.
¹⁴¹) Poseidon und Athena: Ann. d. I. 1874 Tav. d'agg. D. — M. d. I. II. 50. — M. d. I. IX 52. — Nur Athena: Tischbein I. 1. — Ann. d. I. 1874. Tav. d'agg. E. — Gerhard, Ap. Vb. VIII.
¹⁴²) Pindar, Ol. I v. 89.
¹⁴³) Arch. Z. 1853. T. 55.
¹⁴⁴) B. S. G. 1547. p. 287. Tafel.
¹⁴⁵) Hyg. fab. 168. (Danaus) Minerva adiutrice ex Africa Argos profugit. Tunc primum dicitur Minerva navem fecisse biproram, in qua Danaus profugeret.

Ich glaube, dass ein apulisches Vasenbild [146]) auf die Schicksale desselben zu beziehen ist. Ein alter König kniet vor einem jüngeren thronenden, die Kniee desselben umfassend; hinter ihm steht eine weibliche Figur; links steht ein Jüngling in Reisegewandung, Chlamys mit zwei Speeren und Schwert; über ihm sitzt ein zweiter jedenfalls mit ihm zusammengehöriger Jüngling gleichfalls in Reisekleidung. Rechts unten trägt eine Dienerin eine Hydria fort, während ein aethiopischer Sklave zwei Sessel, wohl für den Alten und die hinter ihm stehende weibliche Figur herbeischleppt. Ueber dem thronenden Könige sitzt Athena; rechts von ihr sehen wir einen alten Mann, sitzend, im Gespräche mit einem vor ihm stehenden Jünglinge. — Welcker deutete dieses Vasenbild auf „Gesuch um Expiation" [147]), ohne aber die Personen individuell zu benennen. Dass das Herbeibringen der Stühle und das Hinwegtragen der Hydria gerade diesen Sinn haben sollen, will mir nicht einleuchten. Ich sehe nur den Thatbestand, dass ein König mit einem Weibe schutzflehend zu einem anderen Könige gekommen ist, dass ferner zwei Jünglinge angelangt sind, welche die Entscheidung abwarten; gespannt ist namentlich der Blick des unteren auf die Scene in der Mitte gerichtet. Das Herbeibringen der Stühle zeigt uns, dass die Schutzflehenden Aufnahme gefunden, und der Jüngling, welcher höchst wahrscheinlich ihre Auslieferung verlangte, abgewiesen ist. Athena deutet wohl darauf, dass ihr Segen über dem Vorgang ruht. Hierfür scheint Danaos vor Pelasgos oder Gelanor oder wie man den König nennen will, trefflich zu passen. Hinter ihm stehen die Abgesandten des Argyptos. Freilich ist nur eine Tochter als Abbreviatur für die grosse Anzahl der Danaiden hinzugefügt; doch auch dies ist nicht allzuschwer erklärlich. Die Darstellung geht in ihrem Gegenstande

---

[146]) Ann. Bull. et Mon. d. Inst. 1856 T. IX und Welcker A. D. V. T. XIX.

[147]) Welcker, A. D. V. p. 298 sqq.

auf die Tragödie des Aischylos zurück, und hier trat aus der ganzen Reihe nur die Chorführerin hervor, welche wir hier füglich erkennen dürfen. Athene endlich hat Danaos und die Danaiden auf ihrer Flucht von Libyen unterstützt, sie soll ihnen sogar das Schiff hierzu selbst gebaut haben. Das missliche für diese Erklärung, wodurch etwas Problematisches in ihr zurückbleibt, liegt in der rechts oben befindlichen Gruppe. Am liebsten möchte ich Welckers Gedanken an Asklepios, welcher in Argos sogar drei Heiligtümer hatte [148]) aufnehmen und in dem vor ihm stehenden Jünglinge Hermes sehen. Eine andere Möglichkeit wäre, dass der Vasenmaler die Mittelgruppe in Anlehnung an eine Darstellung des Priamos vor Achilleus geschaffen und die dort vielleicht befindlichen Nebenfiguren Phoinix und Antilochos gedankenlos kopierte. Freilich sind beide Auswege recht bedenklich.

Dass ein Gott einem anderen das Werkzeug seines Triumphes verdankte, liegt in der Version des Europemythus vor, nach welcher Poseidon seinem Bruder den Stier zur Entführung der Geliebten stellt [149]). Ob aber die Maler der Kertscher Fischteller ihren Poseidon — denn so glaube ich mit Overbeck den unbärtigen Dreizackhalter des einen und die ihm entsprechende bärtige Figur des zweiten benennen zu müssen [150]) — in diesem Sinne aufgefasst haben, ist bei der Entlegenheit der Quelle kaum anzunehmen. Es ist mindestens ebenso gut möglich, dass er bei dem Zuge Europes über das Meer nur als Beherrscher desselben anwesend ist.

Diesen Fällen möchte ich noch den einzigen anschliessen, in welchem ein zuschauender Gott das Verderben ansieht, welches er einem seiner Günstlinge zu Liebe über einen ver-

---

[148]) Paus. II. 21.1, 23.2,4. vgl. Roschers Lexikon p. 624.
[149]) Nach mehreren dichterischen Schilderungen ist er Zeuge von Europes Meerfahrt. cf. Overbeck, K. M. II p. 438 und 440.
[150]) Der Vasenmaler hatte vielleicht den Auftrag Zeus in Bezug auf das Liebesabenteuer unbärtig zu bilden und verwechselte in barbarischer Unwissenheit beide Götter.

meintlichen Feind desselben gesandt hat. Auf seines Sohnes Theseus Flehen lässt Poseidon dem Meere den wilden Stier entsteigen, welchem Hippolytos zum Opfer fällt, und weist seine Gegenwart in der oberen Reihe der Hippolytosvase hierauf hin. Besonders fühlte sich der Vasenmaler veranlasst durch die Anwesenheit eines Gottes auf die Rolle hinzuweisen, welche der Gott in der tragischen Behandlung des Gegenstandes spielte. Hier ist die mangelhafte literarische Ueberlieferung gewiss am fühlbarsten. Es ist kaum zu bezweifeln, dass sonst noch mancher Fall hierauf zurückzuführen wäre. Wenn Vogel[151]) für den Dionysos der Archemorosvase ebenso sein Verhältnis zu den Söhnen der Hypsipyle sowie die Versiegung der Quellen durch seine Macht sowie endlich den Umstand geltend macht, dass er der Prologsprecher in der Hypsipyle[152]) war, so war für den Vasenmaler gewiss nur dieser letzte Grund entscheidend; die anderen waren die Gründe, aus welchen Euripides dem Dionysos diesen Platz einräumte. Desgleichen verdankt Aphrodite ihren Platz auf der Hippolytosvase ihrer Funktion als Prologsprecherin in dem betreffenden Drama. Ebenso wird der deus ex machina auf diese Weise hinzugefügt. Ich erinnere hier an den Hermes der Antiopevase[153]), und schliesse ihm Athena in einem auf Iphigeneia in Tauri zurückgehenden Vasengemälde[154]) an. Athenes Auftreten in den Eumeniden führte zu ihrer proleptischen Verwendung, während Orestes sich noch im delphischen Apollonheiligtume befindet[155]). Wenn auch nicht mehr genau sich die Rollen der Götter in einigen Dramen feststellen

---

[151]) Scenen eur. Trag. p. 105.
[152]) Aristoph. ran. v. 1211 mit Schol. vgl. Nauck frgm. Eur. 752.
[153]) Nr. 3296. Arch. Z. 1878, T. VII. vgl. Hyg. fab. 8. Vogel a. a. O. p. 60. Allerdings kann Hermes in diesem Bilde ebensogut für handelnd wie für zuschauend gelten.
[154]) Ermitage 428. M. d. I. VI. VII T. 66.
[155]) Overbeck, H. G. XXIX 8 und 9.

lassen, wird man doch wohl nicht fehlgehen, hierauf ihre Anwesenheit in einigen Vasenbildern zurückzuführen. In dem Aietes eines unbekannten Dichters darf nach der Hyginschen Inhaltsangabe [156]) dieses Dramas der Aphrodite gewiss eine bedeutendere Rolle zugeschrieben werden. Schon am Kypseloskasten war sowohl durch die Darstellung wie durch den beigeschriebenen Vers das Verhältnis von Jason und Medeia auf persönlichem Eingreifen der Liebesgöttin beruhend gedacht, wie es später besonders breit bei Apollonios Rhodios [157]) ausgeführt war. Es ist wohl nicht zu gewagt für ein Vasenbild, welches Jasons Stierkampf in der Hauptsache ganz nach dem Vorbilde des herakleischen und theseischen Stierabenteuers darstellt [158]), die Anwesenheit Aphrodites aus den poetischen Verwendungen, von welchen die dramatische am ehesten den Vasenmaler beeinflussen musste, herzuleiten. Lyssa, die Erregerin der wahnsinnigen Wut, finden wir auf einem Vasenfragmente über dem inschriftlich bezeichneten Pentheus gelagert [159]). Heydemann [160]) hält sie für eine Maenade, was mir der von ihr gehaltenen Schlangen wegen unzulässig scheint, während für Lyssa besonders noch ihr Auftreten in den Xantrien des Aischylos [161]) spricht. Auch die Mania auf dem Krater des Assteas [162]) scheint Vogel [163]) mit Recht ihren Ursprung in ihrem persönlichen Auftreten in einer Tragödie zu haben. Dass dies dann nicht der Ἡρακλῆς μαινόμενος des Euripides sein kann, ist klar. Hermes' [164]) Anwesenheit bei der Be-

---
[156]) Fab. 32 (Juno) petit a Venere, ut Medeae, amorem iniceret. Jason a Medea Veneris impulsu amatus est.
[157]) Argon. III v. 25 sqq.
[158]) Neapel 3252. Arch. Z. 1883 T. XI.
[159]) Bull. Nap. IV T. IV 2.
[160]) In der Jenaischen Litteraturzeitung 1874 p. 543.
[161]) Nauck, trag. gr. frgm p. 42 Nr. 163.
[162]) M. d. J. VIII 19.
[163]) a. a. O. p. 144 f.
[164]) Hyg. fal. 62. At Mercurius Jovis iussu Ixionem ad inferos in rota constrinxit, quae ibi adhuc dicitur verti. Eine Ixiondarstellung in Petersburg Nr. 424 (Abgl. R. Roch M. I. XLV 1 und Arch. Z. 1844

strafung des Ixion geht gewiss auf die Tragödie zurück, doch ist er in dem Berliner Vasenbilde [165]) mehr Nebenperson der Handlung als zuschauender Gott.

In diesem Kapitel möchte ich noch einige Fälle behandeln, in welchen die Rolle der Götter in dem Mythus sich als eine passive bezeichnen lässt. Hierhin möchte ich Athenas Anwesenheit rechnen, wenn Diomedes und Odysseus ihr Bild aus der ihr verhassten Stadt entführen, um sie so völlig dem Untergange zu weihen [166]). Desgleichen sind hier fast sämtliche Vasenbilder anzuführen, welche den Raub des Artemisbildes aus dem taurischen Heiligtume durch Orestes und Pylades darstellen [167]). Fast alle zeigen sie Artemis als Zuschauerin dieses Vorganges, mag sie nun über der Darstellung stehen oder sitzen oder auch in oder neben dem Tempel sich befinden. Sie spielen, ebenso Athena wie Artemis, obgleich sie handelnd nicht hervortreten, doch bemerkenswerte Rollen bei diesen Vorgängen. Noch hervortretender ist dies bei dem Frevel des lokrischen Aias gegen Kassandra. Athene, die hauptsächlich hierdurch beleidigte Göttin finden wir denn auch in drei hierauf bezüglichen Darstellungen [168]).

T. 13) ersetzt Hermes durch Iris, welche dann betont, dass Ixions Frevel gegen Hera gerichtet war.
[165]) Nr. 3023. Ann d. I. 1873 T. d'agg. I. K.
[166]) 1. Ruveser Amphora in Neapel Nr. 3231. Abgeb. Ann. d. J. 1858. T. d'agg. M. — 2. Ruveser Vb. bei Overbeck H. G. p. 585 Nr. 34a. — 3. Kanne aus Armento im Louvre. Overbeck H. G. T. XXIV 20.
[167]) 1. Vb. ehemals Lamberg jetzt im Louvre. Overbeck H. G. T. XXX 8. — 2. Vase ehemals Barone. Bull. ital. I. T. VII. — 3. Neapel 3223. Overbeck H. G. T. XXX 4. — 4. Amphorenbild Mon. d I. IV 51 auch Overbeck H. G. T. XXX 7. — 5. Ermitage Nr. 420. Mon. d. I. VI. VII. T. 66.
[168]) 1. Amphorenbild ehemal Durand. Overbeck H. G. T. XXVI 17. — 2. Neapel Nr. 3230 unediert. Eine Pause stand mir durch Herrn Prof. Heydemanns Liebenswürdigkeit zur Verfügung. — 3. Hydrienbild Albergotti. Overbeck H. G. XXVII 3. Es ist hervorzuheben, dass keines dieser Vbb. ausser Athena noch eine andere Gottheit aufweist, und dass diese in allen drei Darstellungen ihren Platz l. oben hat. In den übrigen Vbb. dieses Gegenstandes fehlen zuschauende Gott-

Diese passive Rolle bedurfte aber gar nicht eines so starken Hervortretens. Wenn der Künstler gern die Gottheiten hinzufügte unter deren Schutze die Handlung vor sich ging, so musste ihn natürlich der besondere Hinweis hierauf, welcher etwa in der Ueberlieferung gegeben war, zu der Anbringung derselben führen. So sind mehrfach die Gottheiten Zuschauer, welche der Held vor seinem Kampfe angerufen oder durch Opfer geehrt hat. Unter Anrufung der Athena Onka begab sich Kadmos in den Kampf mit dem Drachen des Ares. Ist Athene auch auf der Berliner Hydria durch das Darbieten eines Kranzes Kadmos besonders nahe gerückt, so wird man sie doch nicht aus dem Zusammenhange mit den übrigen sehr zahlreichen zuschauenden Göttern dieses Bildes herausreissen können, während sie auf dem Vasenbilde des Assteas, wo sie anfeuernd hinter Kadmos steht und vollkommen handelnde Person ist [169]), den zuschauenden Personifikationen des Lokales an sich schon ferner steht. Auch darauf sei hingewiesen, dass Pelops, ehe er Asien verliess, um im Wettkampfe sich Braut und Land zu ersiegen, der Aphrodite opferte und ihr ein Standbild weihete [170]), vor dem Kampfe aber mit Opfer die Athena Hippia anrief [171]) um sich so die Gunst dieser Göttinnen zu gewinnen. Es zeigen auch eine ganze Reihe der diesem Stoffkreise angehörigen Vasenbilder Aphrodite anwesend [172]), während wir Athene nur auf einem

heiten gänzlich. Im letzt aufgeführten Bilde ist die Bewegung Athenas zu beachten.

[169]) Wie sie ja bei Eurip. Phoen. 1062 völlig als thätige Helferin des Kadmos erscheint: φίλα Παλλάς ἁ δράκοντος αἷμα λιθόβολον κατείργασαι.

[170]) Paus. V. XIII 7.

[171]) Paus. VI XXI 6. λέγουσι δὲ καὶ Πέλοπα οἱ Ἠλεῖοι τῇ Ἀθηνᾷ θῦσαι τῇ Κυδωνίᾳ πρὶν ἢ ἐς τὸν ἀγῶνα αὐτὸν τῷ Οἰνομάῳ καθίστασθαι.

[172]) 1. Brit. Mus. 1434. M. d. I. V. 22.' — 2. Arch. Z. 1853. T. 54. — 3. Ann. d. I. 1861. Tav. d'agg. Q. R. Die r. am Ende stehende weibl. Flügelfigur hat Körte a. a. O. p. 60 und 69 seiner Gewohnheit gemäss auf Apate gedeutet, wie mir scheint mit voller Verkennung des künstlerischen Wertes bezw. Unwertes der Darstellung. Dieses Bild ist die Kompilation eines höchst unverständigen Malers. Die l.

die Abfahrt darstellenden [173]) begegnen; freilich mag dies zum grossen Teile an der Auffassung des in dieser Sage erhaltenen Liebesmomentes liegen. Recht bezeichnend ist auch, dass die Anrufung des Hermes in den ersten Worten der Choephoren seine Anwesenheit in den beiden die erste Scene dieses Dramas vor Augen führenden Vasenbildern [174]) zur Folge hatte; auf einem derselben ist er sogar die Stelle des Agamemnon bekränzend in die Handlung gezogen worden.

Wir werden es schliesslich auch für eine persönliche, in dem Mythus begründete Beziehung einer Gottheit zu diesem halten müssen, wenn er sich in ganz hervorragender Weise an den Kult derselben anschliesst. So ist die Pelopssage die Kultlegende der olympischen Spiele und Zeus ist infolge dessen hier [175]) ein ebenso natürlicher Zuschauer wie bei den Vorbereitungen zu den Leichenspielen des Archemoros, durch welche die nemeischen Spiele begründet waren. — Apollon sieht als besonders durch den Kampf zwischen Herakles und Kyknos betroffen diesem zu [176]), wie er uns schon bei dieser

am Ende stehende weibliche Figur ist gewiss Aphrodite; doch kann gar nicht zweifelhaft sein, dass der Vm. erst eine andere Figur in sie verwandelte; es ist kaum ein Zufall, dass in einigen anderen Pelopsbildern (Arch. Z. 1853. T. 53 und 54 1) die neben Hippodameia befindliche Figur einen solchen Fächer trägt wie diese Aphrodite u d sich auch in der Gewandung viele Uebereinstimmungen entdecken lassen. Ebenso entlehnt wie diese Figur, ist aber auch die Flügelgestalt, und zwar jedenfalls von einer Darstellung des Weltkampfes selbst, in welchem wir auch in zwei erhaltenen Monumenten (Neapel Nr. 3256 und Santangelo Nr. 697) Lyssa finden. Noch viel deutlicher ist diese Entlehnung für ein zweites Vb. (Passeri II 282) wo die Flügelfigur direkt mit den hier sogar noch stillstehenden Pferden in Verbindung gebracht ist. Körte sieht auch hier Apate. Dass eine Apate nach seiner Definition sich auch hier anwenden lässt, ist durch die Dehnbarkeit derselben einzig und allein verschuldet. Es wird später noch mehr von Apate die Rede sein. — 4. Arch. Z. 1853 T. 55.

[173]) Ebenfalls A. Z. 1853 T. 55.
[174]) 1. Moses, vases Englefield pl. 20. — 2. Overbeck, H.G. T. XXVIII 5.
[175]) Arch. Zeit. 1853 T. 53.
[176]) Jatta 1088. — Bull. Nap. N. S. I VI. Arch. Z. 1856 T. 88 und sonst noch mehrfach.

Gelegenheit in dem schwarzfigurigen Vasenbilde des Kolchos begegnet war. Allerdings glaube ich nicht mit Körte [177]) annehmen zu sollen, dass er denselben friedlich beizulegen gesonnen ist; vielmehr deutet seine Handbewegung nur ein Erstaunen darüber an, dass es jemand wagt, dem Unholde entgegenzutreten, welcher so ruchlos das delphische Heiligtum bedrohte.

II. Gottheiten freier aber wohlbedachter Zusatz des Künstlers.

In all den vorher besprochenen Vasenbildern war das Gemeinsame, dass die Figur der Gottheit durch den Mythus d. h. nicht immer gerade durch den Kern desselben, sondern die verschiedenen Gestaltungen, welche er in den massgebenden dichterischen Behandlungen besonders den dramatischen Versionen erhalten hatte, gegeben war. Ob direkt eingreifend oder durch denselben in Mitleidenschaft gezogen — natürlich überwiegt das erstere — immer sollte sie an einen bestimmten in dem Mythus erhaltenen Zug erinnern. Dem gegenüber trat der griechische Vasenmaler aber auch selbständig auf. Wenn er aus sich heraus Gottheiten einer Handlung beifügte, so war für das erste immer noch seine Absicht, das Interesse derselben an dem Gegenstande zu betonen. Er gab zunächst den Gottheiten den Vorzug, welche, wenn sie auch gerade nichts mit dem dargestellten Vorgang zu thun hatten, doch dem Helden nahe standen, so dass man, wenn auch nicht immer ihren Schutz als über ihm ruhend denken, so doch ihre Teilnahme gewiss voraussetzen konnte.

Wie in der schwarzfigurigen Vasenmalerei und in der rotfigurigen der früheren Stile fällt auch hier Athene wieder die Rolle der Heldenschützerin zu. Herakles ist ihr erklärter

---

[177]) a. a. O. p. 62.

Liebling; sie begleitet ihn thatsächlich von seiner Geburt an bis zu seiner Aufnahme unter die Himmlischen. Auf einer Kanne aus Anzi[178]) steht sie neben der das Herakleskind säugenden Hera. Die Athla des Eurystheus (Stierkampf, Geryoneus und Hesperiden) führt er unter ihrem Schutze aus[179]) und nachdem sie ihn in den Olymp geleitet, zeigt ihre Gegenwart[180]), dass er seine selige Vereinigung mit Hebe ihr verdankt. Auch anderen Helden hilft ihr Schutz zum Ziel. Theseus[181]) und Jason[182]) bekämpfen in ihrer Gegenwart den Stier und als Achilleus' Schützerin erscheint sie nicht nur bei der Totenfeier für Patroklos[183]), sie ist auch Zuschauerin des Liebeskampfes von Peleus und Thetis[184]), welcher ja nur durch Achilleus' Geburt zu solchem Ruhme gelangt ist.

Wie Athene hat auch Hermes den Platz behalten, welchen er in den Darstellungen der früheren Kunst einnahm. Wir treffen ihn bei den Heraklesthaten[185]), bei Theseus Amazonenkampfe[186]), bei Patroklos' Leichenfeier u. s. w. an. Er ist besonders als Geleitsgott der Schützer der Griechen im Barbarenlande; er geleitet sie über das Meer und wieder in die Heimat zurück. Darum sehen wir ihn anwesend, während

---

[178]) Vgl. Bull. Nap. I p. 6. Arch. Z. 1843. p. 75.
[179]) 1. Neapel 1924. Millingen, div. coll. XXIII. — 2. Berlin 3258. Gerhard, Apul. Vb. X. — 3. Berlin 3145. Millingen div. coll. XI. — 4. Jatta 1097. unediert. Eine Pause konnte ich durch Herrn Prof. Heydemanns Güte benützen. — 5. Revers d. Archemorosvase. Nouvelles annales 1836 T. VI.
[180]) 1. Minervini, Monumenti di. Bar. XVIII. — 2. Wien V. 163. Laborde, vases Lamberg I 34 u. a. m.
[181]) Neapel 2865. Museo Borb. VIII T. 13.
[182]) Ermitage 2012. Ant. d. B. Cimm. T. 63a₁.
[183]) Mon. d. I. IX T. 32. 33.
[184]) Overbeck, H. G. T. VIII 1.
[185]) 1. Neapel 1924. — 2. Berlin 3258 (vgl. Anm. 179). — 3. Ehemals Baronesche Amphora (Amazonen). Bull. Nap. X. S. VII T. XIII. 4. Neapel 2873. Millin, vases peints I 3.
[186]) Mon. d. I. II. T. 13. Jatta 1089; von Panofka irrtümlich bei der Publikation als Durandsche Vase bezeichnet.

Jason das goldene Vliess Pelias überbringt[187]); wir treffen ihn bei dem Kampfe Bellerophons mit der Chimaira[188]) und besonders, wenn es sich um heimliche, listige Unternehmungen wie den Raub des Palladions[189]) oder die Entführung des Artemisbildes aus Tauri[190]) handelt. Während individuellere Beziehungen aber früher durchaus zu den Ausnahmen gezählt werden mussten, finden wir sie in der späteren Vasenmalerei weit häufiger vertreten. In erster Reihe sind die Götter natürlich ihren eigenen Kindern freundlich gesinnt. Zeus wird durch seine Gegenwart nicht nur in Darstellungen von Apollon[191]) und Artemismythen[192]) als ihr Erzeuger hervorgehoben, auch bei der Ueberbringung des Gorgonenhauptes durch Perseus an Athena[193]) und bei dem Raube der Leukippiden[194]) durch die Dioskuren zeigt er für seine von Sterblichen geborenen Söhne dieselbe Teilnahme. Poseidon wird als Ahnherr des Adonis[195]), Hermes als Vater des Myrtilos[196]) ebenso charakterisiert. Ja selbst einer der

[187]) Millingen div. coll. VII.
[188]) 1. Mon. d. I. II 60. — 2. Gerhard, Ap. Vb. VIII.
[189]) Vgl. Anm. 166 1 und 2.
[190]) Ermitage 420. M. d. I. VI VII T. 66.
[191]) Arch. Z. 1869. T. 17. vgl. dazu p. 40 ff. (Michaelis). Die Deutung, welche Michaelis dem Hauptvorgange hier und schon vordem, bei der ersten Publikation des Bildes gab (vgl. Michaelis, die Verurteilung des Marsyas, Greifswald 1864) glaube ich nicht annehmen zu dürfen. Es sind die drei Musen des Leierspieles, des Flötenspieles und Gesanges anwesend. Die Flötenbläserin muss angesichts der Niederlage ihres Instrumentes schweigen. Ebenso aber, wie die des Leierspieles den Gott begleitet, müssen wir es auch von der Sängerin annehmen, denn durch die Vereinigung beider Künste soll, wie die von Michaelis Arch. Z. 1869 p. 41 angezogenen Stellen beweisen, Apollon den Sieg errungen haben. Dieser Gedanke harmoniert mit der Schönheit der Darstellung auch viel besser als die Verlesung des „Protokolles".
[192]) Él. cér. II 92. auch Arch. Z. 1846 T. 46.
[193]) Neapel 2022. Mus. Borb. V 51.
[194]) Auf der Vase des Meidias.
[195]) Gerhard Trinksch. und Gef. T. XXII.
[196]) Arch. Z. 1853 T. 53. — M. d. I. IV 30. Hier wäre allerdings

seltensten Gäste in Vasenbildern, der überhaupt von der griechischen Kunst recht stiefmütterlich behandelte Ares erscheint bei dem Elende seines Enkels Lykurgos [197]), wobei ein Eingreifen zu dessen Gunsten, wie Brunn [198]) es vermutet doch mindestens unerwiesen ist. Hingegen möchte ich Ares, der ja auch des Oinomaos Vater ist, nicht, wie Papasliotis [199]) und Heydemann [200]), in dem bei Pelops' Abfahrt links unten gelagerten Jüngling erkennen; die Haltung der Figur stimmt hierzu ebensowenig wie ihr Platz im Bilde.

Von niederen Gottheiten sei hier Nepheles bei der Flucht ihrer Kinder gedacht [201]) und Alkmenes, welche in den Darstellungen vom rasenden Herakles und von seiner Versöhnung mit Apollon, höchst wahrscheinlich wenigstens, als apotheosiert aufgefasst ist. [202])

Die geschwisterlichen Beziehungen wirkten am mächtigsten bei den Letoiden. Wie Artemis nur in wenigen Marsyasbildern fehlt [203]), so sieht Apollon bei der Erlegung einer Hirschkuh durch seine Schwester zu und begleitet sie bei der Opferung der Iphigeneia in Aulis. — Vereinzelt steht daneben Hes-

---

noch zu zweifeln, ob diese Beziehung dem Vasenmaler bewusst gewesen und ihn nicht allgemeinere Gründe zur Hinzusetzung des Hermes bewogen.

[197]) Mon. d. I. V. 23.
[198]) Ann. d. I. 1850. p. 340 ff.
[199]) Arch. Z. 1853 p. 52.
[200]) Neapler Katalog Nr. 2200.
[201]) Asstcaskrater Neapel 3411. Bull. Nap. N. S. VII T. III. Wiener V. B. Ser. B II.
[202]) Millingen, vases Coghill XI und Asstcasvase Madrid..
[203]) So finden wir sie: 1. Él. cér. II 69. — 2. M. d. I. VIII 42. — 3. Halsbild desselben Gefässes, ebendaselbst. — 4. Él. cér. II 62. — 5. Ant. d. B. Cimm. T. 57 4. — 5) Él cér. III 65. — 6. Jatta Nr. 1364. Él. cér. II 63. — 7) Neapel 3231. Arch. Z. 1869 T. 17. — 8. Jatta 1500 § 2. Unediert. — 9) Él. cér. II T. 74. — Nicht eine Marsyasdarstellung selbst, aber eine nach dem Muster einer solchen komponirte des leierspielenden Apollon mit zuschauender Artemis ist Neapel 1762. Él. cér. II 97, am ähnlichsten unserer Nr. 6.

peros, welcher in der oberen Reihe auf dem Reverse der Archemorosvase an seine Verwandtschaft mit Atlas und den Hesperiden erinnert [204]). **Entfernter und mehr elementarer Natur ist die Beziehung Poseidons zu Thetis**, welche gleichwohl zu seiner Anwesenheit bei einer Darstellung des Liebeskampfes geführt hat [205]). Nicht gerade genealogisch ist das Schutzverhältnis begründet, in welchem die Amazonen zu Artemis und Apollon stehen, welche auf einer Vase des brit. Mus. ihrem Kampfe gegen Theseus beiwohnen [206]). Es war für den Künstler nicht immer leicht, befreundete Gottheiten zu finden, das zeigen u. a. verschiedene Marsyasdarstellungen, in welchen ein Gönner des Sileus ein Gegengewicht zu Artemis bilden sollte. Mit Recht hat man eine solche Figur in einem bei Kertsch gefundenen Vasenbilde [207]) Rhea genannt. In ihrem Kulte spielten die Flöten eine hervorragende Rolle und wenn wir der grauenhaften Zeichnung zufolge dieses Bild für ein einheimisches Produkt halten, so wird sich asiatischer Einfluss auch in dieser Wahl nicht verkennen lassen. Rhea ging, allerdings erst viel später, als ihr Kult eine grössere Ausdehnung gewonnen, ja auch auf Sarkophagreliefs dieses Gegenstandes über. — Auch im Kulte der Aphrodite trat die Flöte hervor. Diese Beziehung war dem Maler des Neapler Bildes Nr. 3231 gewiss bewusst, was ich aber für eine Darstellung von Marsyas' Bestrafung [208]) nicht

---

[204]) Atlas, der Vater des Hesperus cf. Schol. z. Hom. Σ 486. Diodor III 60; sein Bruder nach Diodor IV 67.
[205]) Overbeck, H. G. VIII 1.
[206]) Millin, peint. de v. ant. II. T. 25. Vgl. Paus. III. XXV. 3. ἱερά ἐστιν Ἀρτέμιδός τε ἐπίκλησιν Ἀστρατείας ..... καὶ Ἀπόλλων Ἀμαζόνιος· ξόανα μὲν ἀμφότερα, ἀναθεῖναι δὲ λέγουσιν αὐτὰ τὰς ἀπὸ Θερμώδοντος γυναῖκας.
[207]) Ant. d. B. Cimm. T. 57. 4. Nicht aber kann ich Michaëlis folgen, wenn er (Marsyas p. 12) in einem anderen Marsyasbilde (C. R. p. 1862. T. VI. 2; bei Michaelis T. I. 2) Rhea sehen will, welche dem Gegner ihres Schützlinges „trotz alledem" den Siegeskranz reichen soll. Ich würde sie am ehesten für eine Muse halten.
[208]) Él. cér. II. 64. Gerhard A. B. W. 27.

glaube annehmen zu dürfen. Hier wollte er nur dem Brauche gemäss in der oberen Reihe zuschauende Götter anbringen und setzte die ihm am geläufigsten Aphrodite mit Eros links und Pan rechts hin so einander entsprechend, dass sie sofort ihre einzige Funktion als Raumfüllung verraten. Ein anderer, attischer Vasenmaler fügte Athena und Ares hinzu [209]), so dass die Freunde des Unterliegenden, als solche müssen die Kriegsgötter gelten, ein bedenkliches Uebergewicht gegen Artemis bilden; freilich ist Ares stark verdächtigt [210]) und fällt er, so fällt auch Athene als Kriegsgöttin und wird durch ihren Fluch zur Flötenfeindin. Hermes als Freund des Leierspieles, dessen Erfinder er ist, zeigt ein thebisches Vasenbild in Berlin [211]), sowie das Bild am Halse der Jattaschen Amphora und deren Hauptdarstellung.

Den Abschluss unter den befreundeten Göttern des Helden mögen einige Fälle bilden, in welchen eine innere Verwandtschaft dem Vasenmaler vorgeschwebt hat. Während Theseus die Amazonen bekämpft, erinnert Herakles Gegenwart (vgl. Anm. 206), dass er der Vorkämpfer in diesem Streite hellenischer Gesittung gegen ausländische Unkultur gewesen. Darauf, dass Dionysos bei den Heraklesapotheosen als Vorbild seines Halbbruders aufgefasst ist, ist oben schon hingewiesen. Auch in einem Wiener Vasenbilde, in welchem wir Herakles ausruhend und Nike ihm mit der Kanne entgegenschwebend sehen, sind die Dioskuren und noch ein dritter Heros vielleicht Theseus, jedenfalls nicht Orpheus, wie ihn die Herausgeber des Wiener Kataloges im Anschlusse an Laborde benannt haben, als seine Schicksalsgenossen anzusehen [213]). Dies ist auch das einzige Band, welches die Dioskuren mit Perseus verknüpft, so dass ihre Gegenwart bei der Ueberreichung des Gorgonenhauptes

---

[209]) Él. cér. II. 65 und mehrfach.
[210]) Michaëlis a. a. O. p. 9.
[211]) Nr. 2638 unediert.
[212]) Vgl. Anm. 217.
[213]) Laborde, V. Lamberg I. 34. Sacken-Kenner p. 228 Nr. 163.

nicht analogielos dasteht [214]). Zu einem merkwürdigen Kontraste führte dieser Gesichtspunkt auf der Münchener Medeavase, auf welchen ich oben schon zu sprechen gekommen bin. Feindliche Beziehungen, welche nicht vom Mythus vorgezeichnet waren, haben nur selten Ausdruck gefunden. Ein origineller Fall ist die Hinzufügung Amphitrites bei dem Liebesabenteuer ihres Gatten Poseidon mit Amymone [215]). Es ist wohl am ehesten mit Hera in den Jodarstellungen und bei der Uebergabe des Dionysoskindes zu vergleichen [216]). Athene ist unter den Gegnern des Hippolytos, weil sie Freundin des Theseus ist. Demeter auf der Kadmoshydria in Berlin verdankt ihren Platz vielleicht weniger ihrem thebischen Kulte als ihrer Identifikation mit der Erinys Tilphosa, der Erzeugerin des Aresdrachens, welche darum wohl auch als die Feindin des Siegers erscheint.

Wie sich so die Anwesenheit einer Gottheit an die Person knüpfte, wurde sie auch als interessiert gedacht, wenn es sich um ihr Lokal handelte, auch ohne dass bedeutende Kultinteressen für sie auf dem Spiele standen. Wieder einer der wenigen Fälle, in welchen Ares uns begegnet, ist hier vielleicht zu erwähnen. Phrixos opfert in seinem Haine den goldenen Widder und diese Scene erkennt Jatta in einem Vasenbilde seiner Sammlung [217]). Nur ist Phrixos nach seiner Beschreibung geflügelt. Soll man nun dies Vasenbild mit dem unerklärten Widderopfer Berlin Nr. 3256 [218]) zusammenstellen, oder, was ich recht wohl für möglich halte, annehmen, dass die Vorstellung des hoch über dem Meere dahinschwebenden Jünglings den Vasenmaler zu der Beflügelung verursacht hat? Eine sichere Entscheidung kann ohne eigene Anschauung nicht getroffen werden. Klarer liegen besonders die an Theben an-

[214]) Mus. Borb. V. 51.
[215]) Overbeck, Atlas zur gr. K. M. Taf. XIII. 9.
[216]) u. a. Robert, Arch. Märchen T. III.
[217]) Nr. XIX. S. 992 nicht ediert.
[218]) R. Rochette M. I. Pl. 35.

knüpfenden Fälle. Apollon Ismenios von seinen θεοί προνάιοι begleitet zeigt bei dem Auszuge des Amphiaraos Theben als das Ziel desselben an [219]. Auch ein Vasenbild der Jattaschen Sammlung [220], dessen Deutung auf die Wegführung der Manto durch eine bessere noch nicht ersetzt ist, vertritt durch die Anwesenheit derselben Götter Apollon, Athene und Hermes diese Beziehung. Auch auf der Berliner Kadmoshydria wird man die Begründung für Poseidon, Apollon, Artemis und Aphrodite in ihrem dortigen Kulte mit Welcker erkennen müssen. Für die Darstellung des Teiresias vor Oidipus [221] mögen ja Apollon, Athene und Aphrodite mit als Ortsgottheiten gefasst sein, doch dürfte Welckers Meinung als beziehe Aphrodite sich auf die verhängnisvolle Liebe des Oidipus zu seiner Mutter, um so weniger abzuweisen sein [222], als auch hier für Apollon und Athena sich noch mehr Beziehungen finden lassen als in ihrem Beinamen Ismenios und Onka ausgedrückt ist; während Apollon als Gott der Orakel und der Seher hier recht wohl eine Stätte haben kann, deutet Athene auf ein anderes Lokal als Theben. Sie ist hier die Göttin Attikas und hier in ihrem heiligen Lande ist dem Unglücklichen Erlösung beschieden. Die Darstellung des Oedipus in Attika nun bietet uns ein neues Beispiel für diese Art der Lokalbezeichnung, indem Erinys das Heiligtum der Semnen andeutet, in welchem diese Scene vor sich geht Ich glaube diese nämlich trotz Welckers Einspruch, welchem sich auch Overbeck und Vogel anschlossen, in einem unteritalischen Vasenbilde [223] zu erkennen. Dass die Blindheit des Oedipus nicht ausgedrückt

---

[219] Bull. Nap. N. T. V. Apollon mag freilich auch als Schutzgott des Sehers, dessen Vater er sogar nach einer Version (Hygin fab. 70 und 128 Oiclei vel Apollinis) ist, gelten.
[220] Arch. Z. 1844. T. 28. Bull. Nap. II. T. VII.
[221] Overbeck H. G. T. II. 11.
[222] Overbeck a. a. O. p. 66.
[223] Millingen, div. coll. XXIII. vgl. Welcker A. D. III. 371. Overbeck, H. G. p. 70. Vogel, a. a. O. S. 120 ff.

ist, hat seine schlagende Analogie auf der Teiresiasvase. Die Stelle des führenden Knaben ersetzt hier Antigone Der Palme möchte ich keine Bedeutung beimessen und würde sie denn bei Thyestes besser passen? Die vermeintliche Nemesis hat einen Arm, welcher nicht spitzer gebogen ist als der der neben ihr sitzenden Aphrodite. Das Bestreben des Künstlers, sie dieser äusserlich möglichst anzunähern, ist unverkennbar und sichert ihre Benennung als Peitho. Ich ziehe die Erklärung auf Oidipus schon darum vor, weil sie auch für den links stehenden Jüngling, welcher gewiss mehr ist als ein einfacher Doryphoros, eine befriedigende Erklärung als Polyneikes bietet. Endlich hat psychologisch die Erinys bei Oidipus an sich schon grössere Berechtigung als bei Thyestes und muss als Göttin des Lokales den Ausschlag unbedingt für Oidipus geben.

Von diesen Besitzern des Lokales zu trennen sind die Personifikation desselben. Auch sie nehmen natürlichen Anteil an den auf ihrem Boden vorgehenden Dingen. Nemea ist nahe berührt durch die Tötung von Zeus' heiliger Schlange durch die Sieben. So erscheint sie auf der Archemorosvase und in einem Petersburger Bilde[224]) wohnt sie selbst der Tötung bei. Gewöhnlich geben sie teilnahmslose Zuschauer ab; selten nur sind sie inschriftlich näher bezeichnet; ausser Nemea wäre hier noch Thebe auf der Kadmoshydria anzuführen und besonders Thebe, Ismenos und Krenaie in dem Kadmosbilde des Assteas.[225]) Letztere personifiziert das nördliche Thor von Theben obgleich der Aresquell, an welchem der Kampf stattfand, vor dem Thore Hypsista angenommen wurde.[226]) Assteas, welcher natürlich Theben nicht kannte, wohl aber wusste, dass daselbst ein Thor Krenaie existierte, vielleicht aus seiner Erwähnung

---

[224]) Nr. 523. Overbeck, H. G. T. IV. 2.
[225]) Neapel 3226. Millingen, U. A. M. XXVI.
[226]) cf. Ulrichs i. d. Abh. d. Münch. Ak. 1840. p. 413.

Eur. Phoen. 1131 wurde durch den Gleichklang von Κρήνη und Κρηναίη wohl zu diesem Irrtume veranlasst. Gewöhnlich sind die Lokalgottheiten gleichgültige Füllfiguren, welche keine weitere Funktion in der Darstellung erfüllen, wie in Bellerophondarstellungen in der Adonisvase Barone (vgl. S. 100 ff.) oder wie die Quellnymphe bei Marsyas' Bestrafung.[227]) So hatten die Götter immer an eine bestimmte Einzelheit angeknüpft, mochten sie sich an den Sieger, den Besiegten oder an das Lokal anschliessen.

Vielfach hat aber ihre Gegenwart eine noch weit mehr der Reflexion entspringende Bedeutung. Sie haben dann die Bestimmung, den ganz allgemeinen Charakter des Vorganges zu betonen. Die verbreitetste Anwendung findet dieses Prinzip in der Hinzufügung Aphrodites, wenn durch ihre Macht d. h. durch die Macht der Liebe der Vorgang begründet werden soll. Es liegt in der Natur der Sache, dass hiernach Aphrodite fast in jeder Darstellung — denn in welchem Mythus ist der Liebe nicht eine grössere oder geringere Rolle zugewiesen? — ihre Berechtigung haben kann. Es gibt demgemäss auch nur wenige Götter, welche gleich oft, nämlich Athene und Hermes, erscheinen. Wenn man aber zählen wollte, in wie viel verschiedenen Mythen die einzelnen Götter vorkommen, so würde sich mit Aphrodite nur noch Hermes vergleichen lassen. Diese grosse Beliebtheit hat ohne Zweifel eine ihrer Hauptursachen darin, dass sich an sie mit Bequemlichkeit andere Götter anreihen liessen und so dem Hauptzwecke der Raumfüllung den besten Dienst leisteten. Eros ist nur in wenigen Fällen zu vermissen, wenn Aphrodite zugegen ist.[228]) Auch Pan, dessen Zugehörigkeit zu ihr durch ihre enge Gruppierung auf der

---

[227]) Él. cér. II. 64. Vgl. Stephani, C. R. p. 1862, p. 137 und die treffende Widerlegung bei Körte a. a. O. p. 53.
[228]) So Overbeck, H. G. II. 11. — Arch. Z. 1853. T. 55. — R. Rochette, Mon. Inédits T. 41.

Niobidenvase Jatta, ferner der grossen Neapler Amazonenamphora der Petersburger Kora-Rückforderung u. a. m. hervorgeht, wird man im Falle lockererer Verbindung wohl auch als zu ihnen gehörig betrachten müssen.²²⁹) Peitho findet sich nicht ganz so häufig, ist aber dafür die einzige, welche auf eine selbständige Motivierung wenigstens zweimal Anspruch erheben darf. Auf der Meidiasvase entflieht sie und in einer Pelopsdarstellung²³⁰) begleitet ihre Anwesenheit die Ueberredung der Hippodameia.

Aphrodite also wird uns nie verwundern dürfen. Die Liebesabenteuer der Götter sind ihr Werk. Sie sitzt in der oberen Reihe, während Europe mit dem Stiere spielt.²³¹) Sie schmiegt sich an Zeus, der von ihrer Macht bezwungen den Argos ermorden lässt.²³²) Sie entsendet den Eros gegen den Meerbeherrscher Poseidon.²³³) Sie treibt aber auch die Helden in den Kampf um den Liebespreis. In einem Vasenbilde der Caputischen Sammlung kämpft in ihrer Gegenwart Herakles mit dem Acheloossstiere²³⁴), und Perseus sehen wir in einem apulischen Vasenbilde durch den Kampf mit dem Meerungeheuer sich Andromeda erringen, während in der oberen Reihe Aphrodite, Peitho und Eros sitzen.²³⁵) Auch den Kampf mit Weibern, welche dann besiegt dem Sieger ihre Liebe schenken, leiten Aphrodite und ihre Dämonen, wie ein Blick auf die Peleus-Thetisdarstellungen lehrt²³⁶), ebenso auf Theseus' Amazonenkampf²³⁷), dessen Schlussakt die gleichfalls unter Aphrodites und Eros' Aufsicht statt-

---

²²⁹) Vgl. Stephani, mél. gr. vom. I. p. 563 f.
²³⁰) M. d. I. V. 22. Brunn sieht in dieser Peitho (Ann. d. d. 1850. p. 333) eine Ortsnymphe.
²³¹) Overbeck, Atlas zur K. M. VI. 12 und 13.
²³²) Ebendas. VII. 16.
²³³) Ebendas. XIII. 14.
²³⁴) Jatta, I vasi italogr. d. S. Caputi. T. VII.
²³⁵) Mon. d. I. IX. 38.
²³⁶) 1. Overbeck, H. G. VII. 8. — 2. Overbeck, H. G. VIII. 1.
²³⁷) Mon. d. J. II. 13.

findende Hochzeit bildet.²³⁸) Auf die kommende Liebe deutet sie auch bei der Himmelfahrt des Herakles²³⁹) und nach derselben finden wir sie vereint mit Eros und Pan bei seiner Liebesvereinigung mit Hebe.²⁴⁰) Dass Pan den Gedanken an diesen Gegenstand ausschliessen solle, wie Furtwängler²⁴¹) annimmt, kann ich nicht finden, am wenigsten aber einer Deutung wie der seinigen beistimmen. Von einem Ablegen der Flügelschuhe ist keine Rede. Herakles hat dieselben an den Füssen; was er aber mit ihnen sich zu schaffen macht, ist nicht zu erkennen. Was sie bedeuten, scheint mir klar: Herakles hat sich von der Erde zum Olymp emporgeschwungen und als Zeichen dieser Luftfahrt versah ihn der Künstler mit Flügelschuhen, ähnlich wie eventuell Phrixos mit Flügeln. Pan ist überall am Platze, wo Aphrodite und Eros sind.

Die Liebe ist aber auch eine Quelle des Unheiles für viele Helden, so die frevelhafte Aktaions, welcher sein furchtbares Ende nach dem Berliner Vasenbilde im Beisein der Liebesgötter findet. Oedipus' Schicksal erscheint gleichfalls in zwei Vasenbildern durch das unheilvolle Walten Aphrodites herbeigeführt²⁴²), so wie der Ursprung der Frevel im Labdakidenhause der Raub des Chrysippos durch Laios als Aphrodites Werk gekennzeichnet war.²⁴³) — Auch reine an sich schuldlose Liebe führt das Verderben herbei, das musste Meleager erfahren, der von Aphrodite bezwungen Atalante das Fell des getöteten Ebers übergiebt²⁴⁴) und dessen qualvollem Tode die Anstifterin Aphrodite zuschaut mit dem Eros Phthonios, der Personifikation der verderblichen, den

---

²³⁸) Mon. d. I. II. 31.
²³⁹) Amphora Caputi. Bull. Nap. N. S. III. T. XIV.
²⁴⁰) Minervini, M. di Bar. XVIII.
²⁴¹) Eros p. 32.
²⁴²) Overbeck, H. G. T. II. 11 und Millinger, div. coll. XXIII.
²⁴³) Neapel 1769. Overbeck, H. G. I. 2.
²⁴⁴) Vgl. Körte, a. a. O. S. 66. Immerwahr, de Atalanta p. 39.

Neid der Götter erweckenden Liebe, wie ihn Kékulé und Körte richtig erkannt haben.²⁴⁵)

Andere Gottheiten haben selten die Bestimmung, in dieser Weise das innere Wesen eines Vorganges zu charakterisieren. Man mag es hierher rechnen, wenn Apollon und Artemis als die Ehegötter der Vermählung des Herakles mit Hebe beiwohnen. Sicher hierzu gehört Zeus in seiner Auffassung als Rächer der Hybris. So sehen wir ihn, während Niobe im Grabhause trauert, auf einem Vasenbilde des mus. naz. ²⁴⁶) und man wird wohl nicht fehlgehen, wenn man Zeus' Anwesenheit auf einer attischen in Orvieto zu Tage gekommenen Aktaion-Darstellung²⁴⁷) aus der ersten Zeit des malerischen Stiles — landschaftliche Elemente sind nicht zu verkennen — eher auf diese Eigenschaft als auf sein persönliches Verhältnis zur Artemis bezieht. Vorgebildet war ja diese Auffassung an seinem olympischen Throne, wo in Bezug auf sie der Tod der Niobiden dargestellt war.

In den bisher besprochenen Fällen knüpften die zuschauenden Götter an die in dem Mythus erhaltene Erzählung an. Die Darstellungen aus dem eleusinischen Kreise verfolgen ein anderes Prinzip, indem sie den Mythus in seiner inneren Bedeutung erfassen, und es muss besonders auffallen, wie die vier grossen Triptolemosbilder in diesem Punkte übereinstimmen. Eine apulische Amphora der Eremitage Nr. 350²⁴⁸) zeigt nur Aphrodite mit ihrem aus Peitho, Eros und Pan bestehendem Gefolge. Ein Vasenbild aus Armento in Neapel²⁴⁹) hat Aphrodite mit Eros und Pan, die Letoiden und Hermes. Auf der s. g. Poniatowsky-

---

²⁴⁵) Santangelo Nr. 11. Bull. Nap. N. S. VIII. T. VI Arch. Z. 1867. T. 220. Vgl. Kekulé, strenna festosa a Henzen (mir nicht zugänglich) und Körte, a. a. O. p. 67.
²⁴⁶) B. S. G. 1875. T. IV.
²⁴⁷) M. d. I. XI. T. 42.
²⁴⁸) Overbeck, Atlas zur K. M. XVI. 13.
²⁴⁹) Ebendas. XVI. 14.

vase [250]) des Vatikan sehen wir Zeus und Hermes. Das vierte Gefäss endlich, eine Amphora in Neapel [251]) weist Dionysos mit einem Satyr, Apollo und Hermes auf. Bei der Rückforderung der Kora waren die Letoiden und der aphrodisische Kreis zu bemerken. So wie in der Naturbedeutung dieser Mythen stets ihr Hauptwert gelegen hatte, so müssen auch die zuschauenden Götter von demselben Gesichtspunkt aus betrachtet werden, wie es Overbeck [252]) in dem Kapitel Triptolemos seiner Kunstmythologie überzeugend nachgewiesen und was für Triptolemos gilt, dürfen wir getrost auf den Koraraub übertragen. Dann wird aber die Anwesenheit der Frühlingsgöttin Aphrodite des Apollon Thargelios und vor Allem des Dionysos wohl begründet erscheinen und auch Zeus ὑέτιος, der Spender des befruchtenden Regens, hat vollen Anspruch auf einen Platz in diesem Kreise. Hermes und Artemis erheischen freilich eine andere Erklärung. Dass für letztere die Kultbeziehungen, welche sie als Προναία zu den eleusinischen Göttern hatte [253]), massgebend waren, glaube ich nicht; wenigstens wäre dann Poseidons Fehlen befremdlich, während es in einem analogen älteren Falle [254]) seine natürliche Begründung darin hat, dass ausser Triptolemos nur weibliche Figuren zugegen sind. Hermes erfüllt seine gewöhnliche Funktion als Geleitsgott, als welchen ihn der Zeus der Poniatowskyvase entsendet, wodurch erst die Komposition derselben ihre wunderbare, von Overbeck [255]) in ihrer ganzen Feinheit dargelegte, Symmetrie erhält.

Wie sich in den Lokalbezeichnungen Inhaber und Personifikationen des Ortes gegenüber standen, so sind diesen

---

[250]) Ebendas. XVI. 15.
[251]) Ebendas. XVI. 16.
[252]) III. p. 562 ff.
[253]) Paus. I. XXXVIII. 6.
[254]) Mon. d. I. I. 4. Overbeck, Atlas XV. 31.
[255]) a. a. O.

das Wesen eines Vorganges charakterisierenden Göttern die
Personifikationen gegenüberzustellen, durch welche der Künstler denselben Zweck zu erreichen gedachte. Mehr allerdings
würde es noch der Anwesenheit der Schutzgötter entsprechen,
wenn Nikes Anwesenheit den für den Helden glücklichen
Ausgang symbolisiert. Gewöhnlich greift sie zwar, den
Helden kränzend, in die Darstellung geradezu hinein, doch
auch in der Art der zuschauenden Gottheiten findet sie
sich abgetrennt von der Handlung über derselben gelagert,
wie beim Kampfe des Herakles mit dem Stiere [256]) oder dem
Kentauren [257]) oder sie steht neben derselben wie beim
Kampfe des Herakles mit dem Acheloosstiere [258]), oder auch
bei Theseus' Stierkampfe [259]), wo wir ihr im Gespräche mit
der Ortsnymphe begegnen. Doch nicht nur den Kampf belohnt ihr Kranz; wie sie in dem Neapler Vasenbilde Nr. 1762
auf den leierspielenden Apollon herniederschwebt, so deutet
sie auch auf den Ruhm künstlerischen Schaffens, wenn sie
während der kunstvollen Verfertigung eines Götterbildes [260])
über der Darstellung sitzt, und auch ihre Anwesenheit unter
den Göttern bei dem leierspielenden Jattaschen Marsyas ist
der gleichen Auffassung zuzuschreiben.

Das Wesen des Streites personifiziert natürlich Eris,
sowie sie schon sich der Dichter in der Schlachtdarstellung
am Schilde des Achilleus dachte, und wie sie αἰσχίστη τὸ
εἶδος am Kypseloskasten Hektors und Aias' Zweikampfe
κατὰ τὴν πρόκλησιν beiwohnte. In späteren Vasenbildern ist
sie abgesehen von auf das Parisurteil bezüglichen Darstellungen zweimal zu erkennen. Während Herakles und

---

[256]) Millingen, div. coll. XI.
[257]) Millin, peint. d. v. I. 69.
[258]) Jatta, vasi di Caputi VII.
[259]) Neapel 2413.
[260]) C. R. p. 1863. T. VI. 3. Vgl. Schreiber, Bilderatlas VIII. 1. Der
Dionysos dieses Bildes ist mir freilich nicht erklärlich.

Kyknos sich zum Kampfe rüsten[261]), schaut sie, über den ersteren gelagert, auf den Kampfplatz hernieder und bei der Ueberreichung des Eberfelles durch Meleagros an Atalante steht sie am rechten Ende der Darstellung. Beide Male sieht Körte[262]) in ihr Apate, was mit seiner Definition derselben, bei welcher er, wie mir scheint, einen wesentlichen Umstand ausser Acht gelassen, zusammenhängt. Wenn man, wie er, Apate nur als die Personifikation der Unheil bringenden Verblendung ansieht, so ist es eigentlich nicht schwer, jedes unerwartete Unglück mit einiger Kunst als das Werk einer solchen Apate hinzustellen; Fälle wie Kyknos und Amphiaraos konnte er trotzdem nur mit äusserster Gewalt sich dienstbar machen. Apate ist in Dichtung wie in bildender Kunst eine durchaus seltene Figur. Man kann es schon daraus schliessen, dass die beiden sicheren künstlerischen Darstellungen sie ganz verschieden gestaltet vorführen[263]); jede konstruiert sie nach ihrem Bedarfe. Schon dies muss zurückhalten, sie in so vielen Figuren wieder zu erkennen. Das charakteristische Merkmal nun, welches ich nach den wenigen sicheren Belegen der Körteschen Erklärung glaube beifügen zu sollen, ist, dass die Verblendung nicht nur zu einer Unheil heraufbeschwörenden, sondern auch zu einer an sich schon verdammenswerten That führt[264]); denn das ist die Schändung der Philomela, das ist der frevelhafte Angriff des Dareios auf die hellenische Freiheit, das ist die Kränkung des Achilleus bei Homer, welche Agamemnon selbst als Werk der mit Apate gleichbedeutenden Ate bezeichnet. Ohne Zwang aber wird man ein Zusammentreffen aller Bedingungen weder bei Kyknos noch bei Meleagros konstatieren können. So wie bei Kyknos die Verblendung

---

[261]) Vergl. Anm. 176.
[262]) u. a. O. pp. 56, 63, 66, 71.
[263]) Die Tereusvase Neapel 3233 (vgl. Körte p. 46) und die Perservase.
[264]) Vgl. Welcker, griech. Götterlehre III. p. 99.

ein äusserst zurücktretendes Moment ist, so kann die Handlungsweise des Meleagros doch durchaus nicht als den Anforderungen entsprechend bezeichnet werden, welche man an ein Werk der Apate stellen muss; denn nicht ihn trifft die Schuld an dem Hereinbrechen des Unglücks, sondern den Neid seiner Oheime. — Kehren wir nach dieser Zurückweisung der Apate wieder zu Eris zurück. Obgleich sie in beiden Darstellungen verschieden aufgefasst uns entgegentritt, so ist doch ihre Bezeichnung vollkommen gerechtfertigt. In dem Kyknosbilde ist sie die Göttin des wilden Schlachtgetümmels, wie sie die Ilias in ihrer Verbindung mit Kydoimos und Ker [265]) aufgefasst hat, während sie in dem Meleagrosbilde die Göttin der eifersüchtigen Zwietracht ist, welche der Auffassung der Kyprien entspricht.

Der Frevel gegen die Natur d. h. das Verbrechen am eigenen Blute wird durch die Gottheit personifiziert, welche diesen Frevel zu rächen hat, die Erinys, die, im Grunde genommen, aber schon mehr als Personifikation ist. Sie ist auch nur in wenigen Fällen einfache Zuschauerin; in den meisten, den Orestesdarstellungen, sind die Erinyen — hier kommen sie fast stets in der Mehrheit vor -- fast Hauptpersonen der Handlung. Wunderbarerweise hat auch zwei Erinyen das Schicksal betroffen, vom Körte für Apate in Anspruch genommen zu werden, obgleich beide Male die Deutung auf Erinys die nächstliegende und absolut keinen Schwierigkeiten ausgesetzte war. Wenn Amphiaraos ausziehend Alkmaion auffordert, ihn an der Mutter zu rächen [266]), so fesselt er die Erinys an sein Haus, sowie Oidipus [267]), der seines Vaters Blut vergossen, ihr verfallen ist. Wissen wir auch nichts von einer Verfolgung des Alkmaion und Oidipus durch sie, so war dem Vasenmaler doch gewiss als

---
[265]) Hom. Σ. 535.
[266]) Bull. Nap. N. S. III. T. V.
[267]) Neapel 3254. Ann. d. Inst. 1871. Tav. d'agg. M.

ein religiöser Grundsatz es ganz geläufig, dass vergossenes Verwandtenblut von ihnen heimgesucht wird, während man die Erwägung, dass durch die Apate Amphiaraos einst in einer schwachen Stunde das unheilvolle Versprechen Eriphyle gegeben, doch gewiss nicht bei einem Handwerker voraussetzen darf, ganz abgesehen davon, dass sein augenblickliches Handeln in diesem Momente ebensowenig verdammenswert war wie die Lösung des Rätsels durch Oidipus.

Die Personifikation der wahnsinnigen Wut, Lyssa, ist meist in die Handlung eingreifend dargestellt worden. Abgetrennt finden wir sie ausser in dem oben besprochenen Pentheusbilde in einem Lykurgosbilde des mus. Jatta [268]); freilich erscheint sie hier noch problematisch, da von einer Beflügelung überhaupt nichts zu sehen und die Schlangen doch immer nur eine Konjektur Körtes sind. Ferner ist ein Canosiner Vasenbild in Neapel [269]) zu nennen, in welchem Lyssa die Flucht der Medea ansieht. Die Wut war in ihrer Personifikation ob Oistros oder Lyssa oder Mania verschiedentlich in Vasengemälden verwendet worden, wenn sie durch die dichterische Behandlung für diesen Gegenstand dargeboten war, und ist von diesen Fällen aus auf analoge Stoffe übertragen worden.

Gar keine Beziehung zum Vorgange selbst ist vielfach für Hermes Anwesenheit geltend zu machen und dennoch wird sich ein gewisses Recht, ihn hinzuzufügen, nicht abstreiten lassen. Wir wollen selbst von allen Fällen absehen, welche ihn in seiner weitesten Bedeutung als Geleits- und Totengott zulassen würden, wie bei der Aussendung des Triptolemos, der Entführung der Europe, der Heraufholung der Orpheusleier, dem Tode des Adonis u. s. w. Es bleiben doch noch eine ganze Reihe Vasenbilder zurück, welche sich selbst gegen diese Motivierung spröde verhalten, wie die

---

[268]) Vgl. Arch. Z. 1872. p. 66 (Heydemann) und Körte a. a. O. p. 28.
[269]) Nr. 3221. Arch. Z. 1867. T. 227.

Lasimosvase, die Entführung des Adonis [270]), mehrere Lykurgos- [271]) und Amymonebilder. Und doch ist er mehr als schlechtweg Füllfigur. Wenn wir ihn nämlich auf der Niobidenvase Jatta Hera über den Vorgang berichten sehen, und ihn ebenso mit Zeus auf der Niobevase in Neapel verbunden finden, so liegt ein Teil seines Berufes als Götterbote darin, dass er die irdischen Dinge den Olympiern, welche ihren Sitz nur selten verlassen, zu melden hat. Dieser Dienst, gleichsam als Berichterstatter der Götter, berechtigte ihn natürlich jedem Vorgange beizuwohnen und passt ausgezeichnet zu der ruhig beobachtenden Stellung, welche er gewöhnlich zu einer Seite der Darstellung einnimmt.

III. Gottheiten als Füllfiguren.

Ein grosser Teil der in der zweiten Hälfte des vorigen Kapitels behandelten Fälle hätte ebenso gut hier seinen Platz finden können. Götter, welche wie Hermes und Aphrodite ihrer allgemeinsten Auffassung eine so häufige Verwendung verdankten, mussten zu Schablonen herabsinken. Es ist ein charakteristisches Zeichen, dass in ungefähr 170—180 Vasenbildern, auf welche ich meine Beobachtung stütze, sich Hermes 50mal, Aphrodite 48mal findet. Wenn auch Athene der Zahl nach gerade so oft vorkommt wie die letztere, so ist dies durch ihr persönliches nahes Verhältnis zu der Mehrzahl der Heroen erklärlich, während sie als Füllfigur sich, abgesehen von den kritiklos zusammengestellten Götterstreifen auf den Vasen Neapel 3256 und Santangelo

---

[270]) Furtwängler (Eros p. 31) fasste ihn als Geleiter des Schwanes, was nicht mehr zulässig, wenn man die Entführung als die des Adonis für Aphrodite ansieht.

[271]) Geleiter der Lyssa (Körte p. 26), wie im Herakles des Eur. Iris, kann er hier nicht sein. Lyssa kommt hier von Dionysos und zu ihm steht Hermes nicht in dem dienenden Verhältnisse wie zu Zeus oder Iris zu Hera.

Nr. 24, niemals findet. Es ist aber nicht anzunehmen, das
dem Vasenmaler die ja immer mögliche Begründung für
Hermes, welche ja höchst wahrscheinlich den Anlass zu
seiner so häufigen Verwendung gegeben hat, in allen Fällen
bewusst gewesen ist, wenn er auch in seiner Anbringung
keinesweges blöde war. Für Aphrodite ist schon auf die
grosse Verlockung hingewiesen worden, welche darin liegen
musste, mit den zusammengehörigen Figuren eines Kreises
das ganze Problem zu lösen, welches die Füllung der oberen
Reihe mit Götterfiguren bot. Darum auch die ungemein
breite Ausführung, welche dem Zusammenhange eines Ereignisses mit irgend einer Beziehung Aphrodites gewidmet ist;
es genüge hier, an die Beispiele von Oidipus auf Kolonos,
der Amymonebilder, der Ueberredung der Hippodameia u. a. m.
nochmals zu erinnern. Noch deutlicher tritt dies natürlich
dort hervor, wo trotz der weitesten Auffassung ihres Wesens
eine Beziehung zu ihr nicht herauszufinden oder doch
wenigstens das Bewusstsein einer solchen dem Vasenmaler
entschieden abzusprechen ist. Was soll sie bei Herakles'
Kampfe mit dem Stiere [272]) für eine Bedeutung haben, wenn
es unmöglich ist, bei dem Fehlen des Oineus und der Deianeira Acheloos in ihm zu erkennen? Desgleichen ist in
einer Darstellung des unter Thrakern singenden Orpheus [273])
gewiss nicht ihr Gespräch mit Eros als eine Beratung über
den Untergang des Sängers anzusehen. Nur wenn der
Untergang des Orpheus als Haupthandlung dargestellt ist,
kann Aphrodite als seine Feindin erscheinen und auch
äusserlich stellt sich hier die Gruppe so dar, wie in der
grossen Mehrheit anderer Vasenbilder. Ob es bei der
Heraufholung der Orpheusleier [274]) besser um sie bestellt ist,
ist schwer zu sagen, doch kann sie hier möglicherweise auf

---

[272]) Jutta 1097.
[273]) Jatta, Vasi di Caputi Taf. II. Vgl. Furtwängler, Eros p. 26.
[274]) Arch. Z. 1844. T. 14. vgl. p. 32 dieser Arbeit.

das Verhältnis von Orpheus zu der hinter ihm sitzenden Eurydike Bezug nehmen oder auch auf die Poesie des hinabgestiegenen Dichters anspielen. Derselbe Grund, welcher dem aphrodisischen Kreise diese Beliebtheit verschafft, scheint mir auch zu der dekorativen Verwendung der Lichtgottheiten geführt zu haben. Die Anzahl der Figuren wird hier durch das Gespann ersetzt. Sie waren ein beliebter Schmuck für die Halsflächen der Gefässe und sind von hier in die Hauptbilder übergegangen. Natürlich geriet durch die Gewohnheit die Herkunft in Vergessenheit und so wie Lasimos seine Eos auf einem Viergespanne dahinjagend in die obere Reihe seines Vasenbildes setzte, hat Python sich berechtigt geglaubt, als eine Halbfigur sie in seiner Alkmenedarstellung zu verwenden, auch ohne dass er von dem besonderen Vorteile, welchen diese Gestalt sonst bot, Gebrauch machen konnte. Ebenso vermag ich eine andere Begründung für Selene und Phosphoros in dem p. 40 erwähnten Vasenbilde Eremitage 1793 nicht anzuerkennen. Auch für Helios beim Parisurteile und auf der grossen Ruveser Amazonenvase wird man gewiss mit grösserem Rechte diese Begründung anführen dürfen, als die philosophischen und natursymbolischen Welckers [275]) und Gerhards [276]), welche diese Produkte des Kunsthandwerks in dieser Beziehung auf eine Stufe mit den pheidiasischen Kompositionen des östlichen Parthenongiebels und der Aphroditegeburt in Olympia setzen würden.

Aus dem Kreise der Aphrodite losgelöst hat nur Pan für unsere Betrachtung Wert. Eros ist zu sehr dekoratives Element, und ich kann für ihn auch auf die Furtwängler'sche Abhandlung verweisen. Pan aber ist in ganz hervorragender

---

[275]) A. D. V. p. 403. Ebenso scheint mir seine Auffassung der Eutychia und Klymene in diesem Vasenbilde nicht zutreffend; diese personifizieren doch wohl die Verheissungen der Göttinnen.
[276]) Lichtgottheiten. Ak. Abhh. I. p. 152 f.

Weise der Rettungsanker der Vasenmaler, wenn sie um Gottheiten in Verlegenheit sind. Er war ihnen eine willkommene Erweiterung des Kreises der Aphrodite, erfuhr aber schon in diesem die selbständigste Behandlung. Unter den 23 Fällen, in welchen ich ihm als zuschauendem Gotte begegnet bin, war er 17 mal mit dem Kreise der Aphrodite verbunden. Die Fälle aber, in welchen er selbständig dasteht, charakterisieren ihn besonders als Notbehelf. So ist er bei Patroklos' Leichenfeier [277]), als nach Hinzufügung von Achilleus' Schutzgöttern Athene und Hermes ein Plätzchen noch nicht gefüllt war, in dieses hineingezwängt worden, und als bei einer Bellerophondarstellung der Künstler sich nicht anders zu helfen wusste, setzte er ungeniert zwei Pane in sein Bild [278]), sowie es auch einmal bei dem Abenteuer des Poseidon und der Amymone [279]) sich findet, dass der Pan des aphrodisischen Kreises — allerdings in Aigi- und Diopan geschieden — verdoppelt ist.

Ein ebensolch berufsmässiger Lückenbüsser ist Apollon, welcher, in mehreren Vasenbildern unerklärbar, durch die fast gleiche Behandlung mit Pan auch die gleiche Beurteilung verlangt. So wie Apollon und Pan in der Hippolytosdarstellung des brit. mus. hatten erkennen lassen, wie die Kunst des Vasenmalers sich allmählich erschöpfte, so müssen auch die Apollonfiguren einer Bellerophonvase [280]), sowie einer Lykurgosvase [281]) als Füllfiguren angesehen werden. Wenn Brunn [282]) für die letztere einen Hinweis auf den Orakelspruch geltend macht, welcher den Tod des Lykurgos verlangt, so ist dies doch ein sehr zurücktretender Zug des

---

[277]) M. d. I. IX. 32, 33.
[278]) Gerhard, Apul. Vb. VIII.
[279]) Overbeck, Atlas z. K. M. XIII. 15, ebenso wie die vorige Darstellung ein Reversbild.
[280]) Mon. d. I. IX. 52.
[281]) Mon. d. I. V. 23.
[282]) Ann. d. I. 1850. S. 340 ff.

Mythus gewesen, der in einer grossen Anzahl Mythen eine Rolle spielt, aber doch nie sonst einem Vasenmaler ausreichend erschien, um die Gegenwart Apollons zu begründen. Die Füllfigur wird aber trefflich zu dem Charakter der Darstellung stimmen, wenn man die Unselbständigkeit des Künstlers durch die Vergleichung mit einem anderen Lykurgosbilde [283]) erkannt hat, und auch dabei nicht übersieht, dass der Vasenmaler die schwierigste Aufgabe, die Gesichter ausdrucksvoll zu beleben, nicht so zufriedenstellend lösen konnte, wie der des Neaplers Bildes. Es ist auch keineswegs ausser Acht zu lassen, dass dieses Bild ebenso wie die Bellerophonbilder Reversdarstellungen sind, in welchen selbst ein so aus der Reihe seiner Fachgenossen hervorragender Meister, wie der der Perservase eine lässige durch Flickfiguren nur äusserlich geschlossene Komposition für erlaubt hielt. — Interessant ist Apollon bei Herakles' Apotheose [284]) links sitzend, mit Kranz und Zweig und gleichsam das Gespann erwartend. Genau so finden wir ihn einmal bei der Kathodos der Kora [285]), wo er den Hermes einer anderen Darstellung ersetzt. Beide Kompositionen fallen durch ihre grosse Aehnlichkeit auf: beide Male eine männliche und eine weibliche Figur auf einem Wagen, jedesmal eine diesem vorauseilende Figur, bei der Kathodos Hekate, bei der Apotheose Hermes und in beiden schliesslich der sitzende Apollon. — Zu erklären ist diese Häufigkeit Apollons nicht schwer; er war der Liebling der Künstler, denen er eins der dankbarsten Probleme, das des schönen Jünglinges bot.

Wenn andere Gottheiten ohne jedweden Zusammenhang mit der Handlung uns begegnen, so ist dies gewöhnlich auf ihr enklitisches Verhalten anderen schon vorhandenen Gottheiten gegenüber zurückzuführen. Hera sehen wir an Zeus'

---

[283]) Neapel 3237 (!) Millingen, div. coll. I.
[284]) Gerhard, Ant. Bw. Taf. XXXI.
[285]) Overbeck, Atlas z. K. M. T. XVI. 25.

Seite, während Perseus, sein Sohn, Athena das Gorgoneion überbringt. [286]) Amphitrite ist ihrem Gatten Poseidon zugesellt [287]); während er als Schutzgott der Argonauten [288]) der Besprechung des Talos durch Medeia beiwohnt. Kora folgt Demeter auf der Berliner Kadmoshydria. Die Letoiden ziehen sich selbstverständlich gegenseitig an, Artemis schlingt den Arm um ihres Bruders Nacken, während er dem Leierspiele des Massyas als berufenster Zuschauer lauscht. [289]) Ihrer Hinneigung zu Apollon ist auch ihre Anwesenheit in den Darstellungen des eleusinischen Kreises, in welchem Apollon als Thargelios seinen Platz einnimmt, zuzuschreiben. — Auch an Helios auf dem Reverse der Archemorosvase sei hier erinnert, welcher dort, wenn auch nicht gerade enklitisch zu Hesperos gesetzt ist, doch eine Hilfsfigur ist, um Hesperos in seiner Bedeutung erkennen zu lassen. —

In den von mir aufgestellten Kategorien konnten die zuschauenden Götter fast aller hier in Betracht kommenden Vasenbilder untergebracht werden. Nur wenige Erscheinungen wie z. B. Dionysos bei der Verfertigung eines Götterbildes (cf. p. 63 mit Anm. 260) mussten unaufgeklärt bleiben. In der Aufzählung der Einzelfälle war zwar aus leicht begreiflichen Gründen absolute Vollständigkeit nicht angestrebt, doch konnte auch schon aus den aufgeführten Beispielen ersehen werden, welches die mehr oder minder beliebten Gesichtspunkte für die Vasenmaler gewesen sind. Sie waren von individuellen Beziehungen zur dargestellten Handlung ausgegangen, und wie weit sie sich auch von dieser in der Ausbildung des besprochenen Kompositionselementes entfernten, so war doch eine gesetzmässige normale Entwickelung desselben nicht zu verkennen.

---

[286]) Mus. Borb. V. 51.
[287]) Arch. Z. 1846. T. 44 und 45.
[288]) Vgl. Hyg. fab. III. — Apd. I. 9. 27. — Diod. Sic. IV. 53.
[289]) Auf der Marsyasamph. Jatta.

Druckfehler.

S. 3 Anm. 10. statt S. G. lies S. Q.
„ 4 „ 11. „ συντοχοῦσα ἀφηρεῖτο lies συντυχοῦσα ἀφῃρεῖτο.
„ 7 Zeile 7. „ der lies den.
„ 12 „ 18. „ Fibipaldi lies Fittipaldi.
„ 21 „ 24. „ bezüglichen lies bezügliche.
„ 27 „ 14. „ Gottesfiguren lies Götterfiguren.
„ 29 „ 19. „ Dora lies Kora.
„ 31 „ 13. „ Götterscene lies Götterscenen.
„ 37 „ 20. „ des Mythus lies der Mythen.
„ 42 „ 28. „ Argyptos lies Aigyptos.
„ 46 Anm. 168. „ ehemal lies ehemals.
„ 54 Zeile 3. „ am geläufigsten lies geläufigsten.
„ 72 „ 13. „ enk-litisch teile ab en-klitisch.